正觉投资

一名基金经理的感悟

王延谈 著

图书在版编目（CIP）数据

正觉投资：一名基金经理的感悟／王延谈著.
上海：上海财经大学出版社, 2024.9. -- ISBN 978-7-5642-4466-8

Ⅰ．F832.51
中国国家版本馆 CIP 数据核字第 2024KC0581 号

□ 责任编辑　姚　玮
□ 封面设计　贺加贝

正觉投资
——一名基金经理的感悟

王延谈　著

上海财经大学出版社出版发行
（上海市中山北一路 369 号　邮编 200083）
网　　址：http://www.sufep.com
电子邮箱：webmaster@sufep.com
全国新华书店经销
苏州市越洋印刷有限公司印刷装订
2024 年 9 月第 1 版　2024 年 9 月第 1 次印刷

890mm×1240mm　1/32　5.75 印张（插页:2）　113 千字
定价:58.00 元

序 一

在收到延谈的《正觉投资》书稿并仔细拜读后，欣然答应为此书作序。这部著作不仅是很好的投资参考书籍，亦是个人进化的心法"秘籍"。在金融行业（包括投资领域），各类从业者每天交易大量金额，一些证券市场（交易日）每天的价格波动也很大，这对投资者的人性的考验是极大的。要在这个行业里取得长期增长的业绩难度极高，必须要有足够的耐心和平稳的心态。我在2020年出版的《中国金融的力量》中提到整个中国金融体系中包含银行及其他金融机构、股市、汇市、债市以及房地产市场等，每一个板块都有其主导的力量，而延谈的《正觉投资》可以说是为股市的健康发展贡献了力量。这本书将带领读者深刻探讨投资者内在修炼和成长的秘密。

延谈是复旦大学国际金融学院金融EMBA的在读学生。这本书不仅融入金融的"学院派"的理论知识，更有他自己在证券市场从实践得来的宝贵经验。特别是每一个来自实践的经验，都是从真金白银的交易中得出的，尤为珍贵。在证券市场中，随着股票和其他资产价格的涨涨跌跌，投资者的财富也是在不断地重新分配。从这个角度而言，股市和资本市场是对所有投资者提供了公平的赛道，这跟实体企业的经营不完全相同：在这里无需人际关系，也没有钱权交易，只要投资者靠自己的勤奋学习，善于思考，充分发挥自身和学习获得的智慧就可以得到股票和其他各类资产交易投资的成功，但这个过程并不容易。一个好的投资策略可以说是一个严密的大型复杂系统，不仅包括要找到好的行业，好的企业（及组合），还要在交易时找准好的价格，并有耐心的、长期持有的态度和机遇的捕捉。大资金必须要做好多个行业和上市公司的组合，适当分散风险，同时可聚焦自己最熟悉、最了解的几个行业。而找到好的行业，就要做大量的学习和研究。所以这个系统之所以复杂，就是因为每一个环节都很专业，从行业前景研究到企业财务数据的分析，从企业估值模型到定增并购等都需要大量的理论学习和实践经验的积累。

投资，不仅是个人财富的增长，更是人生的重要组成部分；在投资过程中，我们的目标不仅要收获财富，更要收获智慧和成长。延谈的《正觉投资》恰到好处地分析了股票投资中的一些原则和观点，比如控制（交易等）冲动和欲望的本质是控制风险，看似简单，但由于人性的弱点，投资者要真正做到却很难。因为通过大数据看到很多个人投资者往往都是在股市的高点买入，然后在低点"止损"卖出，与教科书中提到的"高抛低购"正好相反。而投资者做出这些错误买入卖出的决定往往又由于投资者自身的情绪所致。如何克服并纠正投资者中的错误和偏差？一个办法就是持续学习，持续专注，这对每一位投资者都是很公平的投资方式，就像查理·芒格说的："如果你不学习，这个世界（机会）将从你身边呼啸而去。"

总之，这是一本内容丰富、有深度的著作，虽然是延谈个人的投资感悟，但也非常适合更多投资者参考，并且能帮助读者更好地理解投资的"心法"。我强烈推荐大家阅读。

钱　军

复旦大学国际金融学院院长

序 二

收到延谈的邀请，为他的新作《正觉投资》一书作序，很是为他高兴。我与延谈相识于 2018 年，了解到他在大学里是学音乐专业的，彼时其在公司里负责的金融业务却颇具规模。虽然有近 20 岁的年龄差，但他身上呈现出的进取心和沉稳度让我印象深刻，尤其是尝试初始合作期间其较为敞亮的做事风格让我比较欣赏。后因资本市场出现较大调整，他负责的业务也出现较大的起伏，疫情后业务的相对低迷期，与我的来往和交流相对更频繁一些。在经过几年的蛰伏、沉淀和思考后，他以此书为自己的职业生涯做了第一阶段的归纳总结。其中，很多观点都是我们交流过程中反复提及的，我认为其对于年轻的金融从业者具有一定的指导或借鉴意义的。

我本人从事私募股权投资行业 20 多年，关注并以自有资金参与证券市场交易近 30 年时间，有幸经历了两三次经济周期，更见证了中国资本市场若干次大小行情的起起伏伏，对投资的理解也在逐步加深。只有亲身体验了市场的凶险和残酷，才会对市场和投资工作抱有深深的敬畏之心。因一级市场股权投资流动性较差，我们在从事二级市场证券投资时会更加注重企业的基本面和未来可持续成长性，持股时间相对较长，不是很关注短期内的股价波动；相反，二级证券市场投资由于流动性较好，因追逐市场热点和情绪堆积很容易造成股价的大起大落。因此，大多数市场参与者容易忽视公司基本面，追涨杀跌，追逐热点，频繁换股。延谈在书中针对市场参与者的心态和行为模式做了较有深度的剖析，并以自身实操经验和感悟，对市场参与者提供了建议、思考和选择的空间。在行文中，延谈大量引用了哲学、神学、金融投资等学科领域的典故和名人名言，针对想要表达的观点应用得恰到好处，说明他几年来确实是做了大量的阅读，沉下心来进行了深入的思考。除了理论上的表述，他也对证券市场中关于技术层面的交易方式做了延展和介绍，从另一个角度和层面为读者展示了市场走势的不可预测性，通过若干案例向读者传达了行为路径依赖和盈亏同源的朴素道理。

　　大道至简，万变不离其宗。投资，归根结底是认知的变现。古人早已将对世界的认知划分为三层境界。第一层境界是，看山是山，看水是水。第二层境界是，看山不是山，看水不是水。第三层境界是，看山还是山，看水还是水。我们每个参与者，对市场的认知程度也在碰撞中螺旋上升而逐渐清晰：不知道自己不知道、知道自己不知道、不知道自己知道，知道自己知道。投资是一件带有很明显的主观色彩的事情，在市场中存活的时间越久，越是对市场充满敬畏，变得小心翼翼，如履薄冰。市场中存在很多的交易模式，作为一名谨慎和相对成熟的从业者，我们可以笃信、坚持或不断修正自己的理念与模式，但不会轻易地否定他人的交易模式。每个人都应该在市场中构建适合自己的投资和交易体系，寻找到适合自己的交易模式，并为自己的选择和行为结果埋单。"桃李不言，下自成蹊。"市场从短期看是投票器，长期看却是称重机。延谈通过广泛地阅读、深入地交流思考和更高层面地进修提升了自我，对其第一个十年的职业生涯做了很好的阶段性总结。期待他能够在下一个十年有更多的思考和成果与大家分享。

是为序。

张贞智

上海兆名资产创始合伙人、博士

前 言

"正觉"是我认为一个比较适合三十而立的一个词，在巴利语中"正觉"是完全或正确的觉醒，在达到"正觉"的状态时，佛陀能够摆脱一切束缚和苦恼，达到圆满的解脱和宁静。它也是佛教徒所追寻的最终目标，象征着达到了心灵自由、智慧光明和善良慈悲的佛道最高成就。但在我这里意为正在觉醒，"正在"是一个过程，我们每个人都在时间轴下慢慢经历人生过程，永无止境的过程，硬要说一个过程的终点，就是生命结束的时间。但对于我们活着的人来说，我们是不知道自己死亡的时间的，我们更不知道自己未来的世界观、人生观以及价值观会变成什么样，所以就是一个探索的、持续的、"正在"的过程。我们在人生的道路上不断修正自己的路线，也在不断更新自己觉醒的高度和宽度。很多事都是回过头看才知道当初的决定对错，所以我们就是一直在觉醒的路上一路修行。有一则故事：

> 有一个行者去问一个得道者，
> 行者就问："您得道了吗？"
> 得道者："得道了。"
> 行者："那您得道前干麻？"
> 得道者："劈柴，担水，做饭。"
> 行者："得道以后呢？"
> 得道者："劈柴，挑水，做饭。"
> 得道者："得道前我在劈柴还要想着挑水，还要想着做饭。我在吃饭我还要想着跳水，还要想着劈柴。我在挑水的时候还要想着劈柴还要想着吃饭。"
> 得道者："得道以后劈柴是劈柴，挑水是挑水，做饭是做饭。"

得道以后就心无杂念了，也不为其他事感到心里焦虑了，活在当下。我在学习、工作、生活时也是如此，不会在学习时学着数学时想着英语单词还没背；不会工作时这个项目还没开始就想着下个项目怎么完成；也不会生活中午饭还没吃就想着晚饭吃啥。事情一件一件地落实，适当地活在当下，心无杂念。

这本书不是教读者如何觉醒，我一个三十出头的年轻人，在前辈面前根本不值一提。这本书不是成功学，因为我并不是一个成功人士，既没有很多财富，也没有很大名气。这也不是一本励志的书，虽然我真心希望这本书能够帮助到一些读者，但能不能帮到我也不确定。这也不是一本回忆录，虽然写了很多关于我自己的故事，但也只是此时此刻的感悟，可能十年以后感悟就不一样了。这也不是一本关于股市投资建议的书，尽管我写了很多关于投资的一些个人见解，但这个仅仅是我的理解，适合于我，可能适合一些人，肯定不是适合于所有人。我写书的目的是想留下一个记忆载体。有人说，如果今天的你觉得去年的你是个傻瓜的话，那么恭喜你，今年的你相较于去年的你进步了。

我以此书作为三十三岁的我一个定格。记录我工作这十多年生活和工作中的一些是是非非以及人生的一些感悟。

王延谈

2024 年 8 月

意。那时候没有人会炒股,也没有人会用电脑、玩手机,因为这些事物在那个周期根本就不存在,也不会有人想着怎么开发 App 和视屏直播之类的事,这些产物都是生产力发展,经济需求带动的结果。笔者幸运地出生在了国运盛世的时代,才能享受着身边的事物。2010 年以后出生的孩子可能从来没听过诺基亚手机、柯达胶卷。因为在现在的时代,翻盖手机、键盘手机以及胶卷照相机已经在时代中沉没了。我们不得不在当下选择好符合自己的天时(时代周期)、地利(行业周期)、人和(生命周期)的工作、事业以及发展方向。

人在每一个生命周期都会有不同的状态。《论语》里孔子曰:"吾十有五而志于学,三十而立,四十而不惑,五十而知天命,六十而耳顺,七十而从心所欲,不逾矩。"意思就是:我 15 岁开始有志于做学问,30 岁能独立做事情,40 岁能(通达事理)不被外物所迷惑,50 岁能知道哪些是不能为人力所支配的事情,60 岁能听得进不同的意见,到 70 岁才做事能随心所欲,不会超过规矩。这就是一个人从出生到老到的过程,15 岁左右心智刚成熟,才知道自己想追求的是什么;经过书本的学习和社会实践的历练,到 30 岁左右才真正知道要在社会规则下行事;一路有喜有悲,有赢有输,有成功也有失败,到 40 岁才知道哪些该舍哪些该得,该放下就放下而不被外界干扰迷惑;到 50 岁后基本上有老下有小,工作也基本稳定很难有晋升的空间了,人生基本定局了,所以知天命。等到了 60 岁左右就是完全

第一章

周期：顺势而为的投资逻辑

明确自己当时所处的周期

人生从出生到死亡，周期平均近 80 年，这 80 年基本前 25 年在成长和学习。25 岁到 60 岁之间这 35 年是一个工作以及财富增长的时段，而前面 5～10 年也是经验和人脉积累的过程。后面 20 年已基本处于退休的阶段，以旅游养生以及养病为主。一般情况下，除了影视或体育等个别行业，大多数人的成功期在 30 多岁以后。不管是在体制内还是体制外，民企国企央企还是自己创业，有成就大概率会在这个年龄区间。

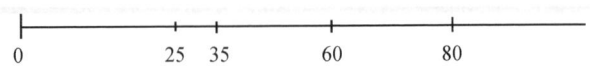

我们做个假设，在中国，你出生在了 1921 年，那么你 25 岁左右的时候大概率活跃在战场上，是扛枪的，能不能活到明天谁都不知道；如果你出生在 1950 年，那么 30 岁的时候正赶上改革开放下海热潮，你大概率会跟着一起去经商，做做小生

第三章 觉醒：投资是一项长期的修行　103

学习是生活的一部分　103
做好情绪管理　108
不刻意探寻因果　113
学习是一种生活方式　115
弄懂游戏规则后再参与游戏　118
股票投资中的"静"与"空"　120
没有（绝对的）对错　126
人生列车　127
人生意义　129

第四章 大树法则　132

终成一棵树，自有凤凰落　133
精力别浪费在树叶上　138
砍去不必要的树枝　141
选一片净土扎好树根　145
沿着既定的路径成长　148

第五章 投资就像跑马拉松：
　　　　耐力、策略与目标导向　158

第一次跑马拉松心得　160
马拉松与投资的相似点　164

目录
CONTENTS

第一章　周期：顺势而为的投资逻辑　001
明确自己当时所处的周期　001
股市里的周期　004
投资市场下行周期里的一些特殊思维　012

第二章　投资要搞清楚的事　027
运气的重要性　027
控制欲望的本质是控制风险　031
货币的争夺　038
从认识杠杆，用好杠杆，再到敬畏杠杆　047
股票投资戒律　058
零和游戏　062
基金经理那些事儿　065
内幕消息　073
股市里的马太效应　076
投资的不确定性　084

退休到状态,这时大局已定,自己也没有必要跟任何人争论是非输赢了;70岁以后就是多活一天就多赚一天,人固有一死,生死已经看淡了(当然随着现代的医学和科学的进步平均寿命在延长,这个生命周期也应随之延长。)。

  笔者正处于迷茫期,在这个周期下笔者阅读了大量以法律和投资类为主的书籍,笔者不迷茫了。以前迷茫的时候不知道自己要干麻?现在不知道自己要干麻的时候就看书、就学习,接受不同方向传来的意见。我们的时间和精力经常会被身边的新闻所吸引,如"某明星婚内出轨""某财经大V评价A股见底""某资本大佬被带走调查"等,包括身边的一些事,网上一起吃瓜群众,身边的桃色新闻。这些事情往往都是空性的,回头看都是毫无意义的,纯粹是在浪费时间和精力,细数还能记得几个大事件、几个新闻?应尽量缩短每次应对这些新闻的时间和精力。如果正常一个"瓜"的持续时间一周7天,你应该把时间缩短至两天或是一天,甚至无需花时间在上面。因为好奇心是人的天性,有时候很难抵制这种好奇的欲望。那么我们最好做到少花时间在上面即可。怎么过一天都是过,你喝得酩酊大醉也是一天;你在图书馆看书也是一天;你在电脑前打游戏也是一天;你在出差途中也是一天。每个人都过着属于自己的这一天,每个人也过着自己觉得有意义的一天。

股市里的周期

在中国，A股目前有30多年的历史，相较于美国的股票市场，中国的股票市场还处于初级阶段，还处在一个慢慢成长的阶段。笔者很幸运，在这个市场中跟A股市场一起成长。A股市场在这30多年的周期中，20世纪60年代、70年代和80年代出生的人是市场中的主力军。20世纪90年代初期第一代主力军，1960年左右出生的人刚好30多岁，也是想着好好赚钱的年代。证券交易所成立初期，典型代表人物有刘益谦，1963年出生；林园，1963年出生。到2007年牛市时，市场上除了老将还在增添了一些1970年以后出生的新生代，当时也已经30多岁了。他们中葛卫东1970年出生，徐翔1978年出生。A股市场上的老将大多还在市场里，而越往后，年轻的小将越多。1980年出生的明星基金经理、明星投资管理人慢慢加入老将的队伍，1985年出生的葛兰35岁左右成为明星基金经理。并不是因为越年轻越成功，而是每个阶段，市场上的主要参与者一直是30～50岁的人，市场上的明星也基本在这个群体里出现。大部分明星经理也会随着时间的推移，慢慢地退场，全球瞩目的巴菲特和查理·芒格，一直到90多了还在继续做股票投资，但终究有一天会退出历史舞台（查理·芒格去世于2023年11月）。在市场周期中的角色也会由其他人代替，而周期继续随时间交替。

这里不得不提一下 A 股市场的风光一时的重要人物,江湖人称:宁波敢死队总舵主——徐翔。公开资料显示,徐翔等人约定由上市公司董事长或者实控人控制上市公司,择机发布"业绩预增""高送转"等利好消息,引入"手机游戏""乙型肝炎治疗性疫苗""机器人""在线教育"等热点题材。徐翔基于上述信息优势,使用旗下基金产品及其控制的证券账户,在二级市场进行上述公司股票的连续买卖,拉升股价。上述公司的股东通过大宗交易方式减持的股票,将超过约定底价以上的获利部分,按照约定的比例与徐翔等人五五或四六分成,汇入徐翔等人指定的账户。在查实的 11 起上市公司股票交易的操纵中,徐翔等人实际非法获利 93.38 亿元。

在这之后对于操纵股价的界限在最新的证券法里面有明确的规定,持有或者实际控制证券的流通股份数量达到该股票实际流通股份的总量达 10% 以上,连续十个交易日累计成交量达到同期该股票总成交量 20% 以上的,违法所得数额在 100 万元以上的。情节严重的连续十个交易日成交总量占 50% 以上的,违法所得在 1 000 万元以上的。这里的实际控制,包括借用的账户,或者接受控指操作的账户,也包括有利益分配联合合作的账户,连续十个交易日累计成交总量达到该股票总成交量的 20% 的,除了联合、连续交易,还包括约定交易、虚假申报、洗售操纵等。还有一个比较特殊的是,利用重大事件等信息的优势操纵股价的交易成交量在 1 000 万以上的,都是要负刑事责任的。

每个人的生命周期是有限的，如果一定要定义一个人的成功，则因人而异，并非开花期即成功。历史的车轮不断往前走，就会有不断的新生，也会有不断的老死，这也是不断交替的一个过程。而我们个人要思考的就是怎么在这个大时代的背景下做好自己。

时代的大周期囊括了各种因素，它是社会、历史、文化或政治等发展中的一种循环性的模式或趋势。可以理解为某个特定时期的兴起、发展、繁荣和衰退，然后再回来新的循环过程。在历史和社会科学中，人们观察到许多不同的时代周期，比如经济周期、文化周期、政治周期等，这些不同因素的周期可以互相影响，每个因素又表现出自身一定的规律。

因经济的大周期而异，经济周期包括兴起、繁荣、衰退、萧条和复苏等阶段，每一个经济周期中，经济活动和就业率出现起伏，房地产和股市也都会有起伏涨跌，这种起伏涨跌的周期性往往跟供求关系、市场信心和时代周期等因素息息相关。

因行业的大周期而异，每个细分行业都有属于自己的周期。如房地产、钢铁、汽车、煤炭、化工、纺织、建筑等。每个行业和其他行业可能形成上下游的产业链，也会互相影响构成周期上的同向或逆向交替。

对于我们每个个体，生在哪个年代不是我们决定的，我们也是时代的一部分，每个生命个体也有周期，这个周期确定了你不可能在10岁就取得博士学位，在哪段周期做哪段周期内该做的事情。

　　笔者在大学上大二那年，因为一个刚毕业的学长留下一个音乐社团，于是就接下来做了团长。接下来大二大三两年的大学生活就充实很多，除了上课和每天2小时的练琴时间外，笔者就一直在招募社团成员，同时每个周末给社团成员做培训。因为有了一些自私的想法后，渐渐就变成有偿服务了。记得当时招募社团成员变成了招生了，笔者负责教架子鼓和钢琴，50元一节课，就这样，每个月增加了至少1 000元的生活费，这让笔者一下子尝到了甜头。毕业后笔者直接来到了上海。来到上海后的半个月内一直在找跟专业对口的工作，终于找到了一个艺术培训班的老师岗位。当时正好是7月初，学生们都刚放暑假，正好有时间学习。在这个培训学校笔者的待遇是管吃管住每月3 000元工资加课时提成。因为是男孩子的原因，当时跟笔者一样情况的女老师分配了宿舍，笔者正好没有地方住了。校长说男孩子吃苦点没事，先睡教室吧，于是，每天等老师们都上完课回家后，笔者就收拾一个床位给自己睡觉，就这样住了两个月，一直到9月学生们都正常开学了。（培训学校在闵行区，上下3层楼，大概有2 000平方米的教学面积，包括舞蹈教室、钢琴、吉他、架子鼓、绘画、象棋等课程教室。）当时唯一的想法就是如果自己有一天也能做到这么大的规模就成功了。

　　九月份的日子很煎熬，一方面，秋天了每天还睡在教室有些冷了,这个教学区也没有热水,洗澡也不方便了。另一方面,暑假上兴趣班的学生都正常开学了,周一到周五几乎没什么事,偶尔有几个会在放学后来找我上课,这样白天就会很闲。有段时间,疯狂练琴,发誓要考上海音乐学院研究生,但每次都是3分钟热度,根本坚持不下来,再后来就放弃考研了。笔者跟另一位老师合租了两室一厅的公寓房,每个月房租金3 000多元。每个月基本月光,一半交房租,一半生活交通等费用。但没过半个月跟笔者合租的老师受不了上海的压力,突然要回老家发展了(说走就走是这个时代下职场常见的现象)。我们的房东知道他走了之后说要续房租了,不续缴房租就要搬走,就这样,因为交不起第二个月的房租被赶出来了。笔者把行李搬到了地下室停车库,找了一个较为隐蔽的角落,接下来几天就睡在了地下车库。这几天并不好受,偶尔也会有人停车路过并投向好奇和嘲笑的目光,由于这里没有水,每天洗漱不得不去地铁站的公共厕所。九月底笔者去找了另一份工作(朝九晚五做五休二),算是兼职,也可以多赚一些生活费。尽管在别人看来笔者是跟其他人一样正常在上班,周末去兼职,但在笔者心里周末是在上班,而周一到周五是兼职。

过完十一国庆节的假期笔者就正常去上班了。国庆期间搬到在上海打工的二姨家,这让笔者知道面子是廉价的,那一年笔者24岁,此时才刚刚懂事。正如李嘉诚的名言:"当你放下面子赚钱的时候,说明你已经懂事了。当你用钱赚回面子的时候,说明你已经成功了。当你用面子赚钱的时候,说明你已经是人物了。"因为自己实在没法生存了,不得不投靠亲戚。在杨浦区,住的地方离杨浦大桥不远,在一个小区里面租住的宿舍是由车库改装来的,一共也就十几平方米的地方,就这样住下了。

周一到周五笔者在公司上班。一个全新的行业,证券投资行业,也就是炒股。一开始什么都不懂,看不懂K线图,也不懂专业术语,如"止损线""支撑线""做多""做空""基本面""资金面""指数增强"等。刚开始理解这些简直就像听天书,公司的职位是销售经理,是卖股票软件的,炒股的股民都需要用一个看股票行情的软件。笔者一开始不懂:我一个不是金融专业的又没有从业经验的人,甚至连这些词都不理解的人,公司为什么要录取我呢?这个问题后面就有答案了。先说笔者的工作内容。刚到岗位上有培训讲师培训你半个月,每人手上发一份稿子,要求照着稿子读,就这样稀里糊涂读了半个月。正式上岗后,会有一个老员工做你师傅,再慢慢带着,有不懂的地方,你可以向他请教。就这样一直到入职第3个月笔者竟然把公司的一款软件卖出去了,售价6 800元,当然这算是个人业绩,但当时是糊涂的,不太理解客户为什么要买,笔者只是按着公司发的稿子去读(对方不知道你在读)。当时自己也没有炒股,没有真正理解这个市场的时候就成交了。好像就是你想成功,可以复制别人的成功,你可以不知道为什么自己会成功,甚至不需要知道，你就成功了。

很多事情只有当发生了你才能知道为什么，不是所有的事情一开始就知道原因的。这一点笔者至今还在复制，就是模仿成功人士的做法。很多事情一开始因为我们自己不理解真正的原因，只有当你完成整个事情时，你才明白为什么，就像电影里的情节一下，往往背后真实的原因都在后面浮现出来。但这不影响整个事情的发展，只是你在当时自己不理解而已。

直到2014年年底前，笔者一直是两份工作，全年无休的状态。一边在公司上班，一边在培训学校上课，这一年很充实。2014年年底笔者做出一个决定，就是周末上课的工作辞掉不做了。有两个原因，一是力不从心了，根本没有时间备课了，有点在糊弄学生的感觉了；二是在股票市场赚钱了，赚到的钱能够覆盖这个工作的工资了。当老师是笔者最开心的时候，因为笔者的学生大多数是10岁左右的孩子，小部分不满18岁的初中生、高中生。跟他们交流都是真诚的，没有利益的，因为抵挡不住金钱对的诱惑笔者还是选择辞职了。笔者2015年通过学习考到了证券从业资格证，算是正式加入了金融证券行业。

在2015年10月以后笔者离职出来创办自己的投资公司。刚出来很苦、也很难，因为2015年6月份"股灾"亏光了所有的存款，仅剩一万多元的生活费了。要知道没有本钱在上海这座城市创业意味着举步维艰。但也因为自己的无知，不知道有多难，还是做了这个决定。这个决定有很多原因：一是笔者不太喜欢当"工具人"(指你是"工具",所做的事是受领导或老板指示的,让你做什么事,你就去做、去执行,从而可以领到相应的报酬或升职加薪。你只是别人的工具而已,换个人同样可以完成任务);二是笔者到了谈婚论嫁的年纪了,不能靠一点工资满足在上海的消费;三是笔者认识到,自己本来就没钱,创业失败也没失去多少钱,反而得到了一次失败的经验,一旦成功了就是以小博大,一本万利的结果。还有一些小的原因让笔者综合考虑后做出这个创业的决定。

笔者先找个小办公室大概 20 平方米,只能坐 3~4 个人的办公室,又招了一个以前的手下,两个人两台电脑两部电话就这样开始创业之旅了。忙的时候直接睡在办公室,我们在一起,做了整整一年赚取了人生第一桶金。能赚到第一桶金笔者也很意外。一开始并没有多高的目标,只是在埋头苦干,只是在把每天设定的工作量做完。比如,每天要看证券报,每天收盘后要复盘,每天要跟 10 个以上的客户保持沟通等。做这些事情并没有直接跟钱和目标挂钩。每一件小事的结果会影响到最终的结果。

由于有了这笔钱,笔者留在了上海。很多朋友因为没有钱又到了结婚的年龄,迫于买房压力不得不回老家发展了。要知道氛围环境对笔者很重要,因为环境会一直影响着我们,就像你在美国学英语和在中国学英语是不一样的,由于有良好的语言环境,这种潜移默化的进步是不可替代的。当然这里所说的也是大概率的事情，并不是绝对的，也不是说在中国就学不好英语，只是比较而言，有好的环境，你就会立竿见影。还有就是在你看喜剧的时候你会开心大笑；看悲剧的时候，情绪会有压抑感、紧张感，这也是电影情节的气氛或环境影响你的情绪的结果。所以笔者留在上海这个金融城市，每天穿梭在陆家嘴的写字楼里。

投资市场下行周期里的一些特殊思维

井底之蛙，本意是青蛙生活在井里，只能看到井口的天空，以为那就是整个世界。但实际上青蛙缺乏对外界真实了解，形容一个人的见识狭窄，眼光短浅，只能看到自己身边狭小的世界，缺乏开阔和广泛的视野。在投资的世界里，做一只井底之蛙也是一个选择，这里并非贬义词，当你的能力和知识储备不足以支撑你出去看世界时，你出去很可能会"死"在路上。因为打井的原因很大可能是周边没有河流并且天气干燥，如果盲目出去看世界，很可能就渴死在半路上了。这里指的是你的钱不要乱跑，在你没有找到合适生存的环境之前，让钱放在钱包里安心做一只井底之蛙并不是坏事，我们要统揽全局才能做出相应的投资策略。

守株待兔，本意是形容人们坐等机会降临，依赖于偶然的成功，而不去主动努力或寻找其他更可靠的方式。这个成语常用于教育人们要主动进取，勇于行动，并警示不要抱有侥幸心理。守株待兔和井底之蛙都是带有贬义的，但在笔者这却都转化为褒义了。守株待兔也挺好，大家都知道十个股民九个亏。如果你的资本金一直没投出去，一直没买股票，那么恭喜你已经跑赢市场90%的人了，再稍做努力等一个机会赚一点可能已经跑赢市场95%的人了。很多散户在股票市场很努力，努力地每天选股，每天打听内幕消息，每天请专家荐股，实质结果亏得很多。你会发现越努力越亏钱，这是努力的方向错了。他们一直用钱在努力，钱一会被挪到这，一会被挪到那；一会买进这个股票，一会又卖出同时又买进那个股票。笔者指的努力是钱不动，要么一直空仓，要么买进一个熟悉的股票放着不动，然后自己努力学习，努力把市场一切变化转化为自己对市场的一个思考和认知。

当然这些井底之蛙、守株待兔和躺不平也卷不赢的45度人生的心态是在市场熊市时或者经济下行，不景气的周期里，而不是常态。一旦牛熊切换，经济回暖，就要把握时机，勇敢出击。

螳螂捕蝉，黄雀在后。笔者个人都时时刻刻提醒自己，我就是只螳螂。因为总会有比你更强的人。当你比别人竞争处于优势的时候，或许还有一个比你更强大的对手也在与你竞争，你也会显得毫无竞争力。就像苹果之父乔布斯说的那样："求知若饥，虚心若愚。"必须认识到自己的渺小。随着时间的推移，如果不再学习，不再进步，一定会被人赶超。当然，认识到自己渺小，不是说一味地谦虚低调、一味地否认自己的能力，而是要有一颗敬畏的心，敬畏对手、敬畏市场。总有一天你也可能会被时代抛弃，不能因为自己有所成绩就觉得比别人有成就感、优越感，所有的自豪和优越感都来自自己的无知。有些人总感觉自己优于别人，比别人强。成为螳螂时后面还有黄雀，当成为黄雀时后面还有还有个拿着弹弓的少年。三百六十行，行行出状元，一个人精通两个行业已经很厉害了，何况还有三百五十八行一点不懂。当你做企业很成功、成为当地企业纳税大户并且成功上市时，你发现已经有5 000多家更成功的企业已经上市了，还有很多没上市的大企业也做得很好。身边也有一些朋友觉得一个90后能在金融业有这样的成就和财富已经很厉害了，殊不知还有很多90后在互联网、医学、天文学、区块链等行业早已经功成名就了，人家早已甩你几条街了，你还有那些自以为是的有优越感吗？

共振效应。共振效应最初是物理学上的一个定义，最重要的特性是它以一种频率，即通常所称的固有频率振动。当两个物体的振动频率相同或相近时，一个物体发生振动会引起另一个物体也发生振动，这就是共振效应。在音乐里，经常用于弦乐的校对音准。比如有两根弦的音都是国际标准音 a_1（la），当你弹拨其中一根线使其振动发出声音时，另一根弦一定也会跟着振动起来。这就是共振效应。笔者跑步时的一个感受就是要找同频、同速度、同节奏的人一起跑是最舒服的。比你快的，你追得比较费劲，心肺功能跟不上，而且容易拉伤肌肉。比你慢的，你觉得慢跑或者快走的速度不合适自己的节奏，跑得也不舒服，可能也达不到自己的目的。思想上也是一样。跟你同频的人有共振效应，你们可能无所不谈，无拘无束。这跟年纪有一定的影响但不是绝对的。比如婚姻中离婚的人，大都是彼此无法沟通，没有达到思想上的"门当户对"，有些家庭夫妻不幸福的原因也在这里。夫妻俩做着各不相同的工作。随着一方升职加薪，另一方思想跟不上，久而久之没有了共振效应，感情因为交流没有共振，导致交流越来越少而破裂。在工作中甲方乙方有一些是为了利益而合作，有一些就是因为双方有思想上的共振效应一起合作，所以渐渐地形成自己特有的小圈子。打工者跟打工者思想共振；职业经理人跟职业经理人之间有思想共振；创业者跟创业者之间也有思想共振；富二代和富二代之间也有思想共振；企业继承人之间也会互相共振。因为在工作岗位上同职位的人之间大多数都会有大致相同的共同语言，这跟财富多少无关。同样喜欢运动的会经常相约一起运动；喜欢开越野车也会一起约着出去越野；喜欢打高尔夫的也会一起约着去打球，这就是共振效应。可能有些人会认为他是因为公司业务，为了销售额的完成才一起运动、一起越野的，但不管出于什么目的，至少在这个兴趣点上，或者某一个特别的事情上他们形成了共振效应。

弘忍法师的弟子神秀大师有诗曰:"身是菩提树,心如明镜台,时时勤拂拭,莫使惹尘埃"被弘忍法师批评了说:"汝作此偈,未见本性,只到门外,未入门内。"同为弘忍法师弟子的惠能大师也对了一首曰:"菩提本无树,明镜亦非台,本来无一物,何处惹尘埃。"神秀大师的世界是心跟外部世界隔离的状态,尘埃就是烦恼,保持自己的心干净;惠能大师的世界心跟外部世界是一体的。

误把平台当能力。如果我们把赚多少钱当作能力,那么大家就会认为越有钱的人能力越强;如果我们把职位当作能力,那么大家就会认为职位越高能力越强。我们不能否认财富多和职位高是能力强的一种表现,但我们也要考虑到平台赋予的权利和价值。我们经常看到新闻说"某某局长下马了""某某领导被纪委带走调查了"。"领导"这个职位本身制度设置好了,不管哪个单位都会有一个领导在那,领导能力当然是很重要的一方面。笔者想说的是平台的重要性,最大的平台是世界,其次是国家,再往小的就是央企国企以及各地政府事业单位等,总之组织形式可以看作一个平台形式。以地产行业为例,一个朋友在房地产公司干了十几年,2020年年薪基本在200万~300万元。可是2022年房地产行业下行,一波裁员潮来袭,这朋友已经离职一年了,到现在还没有找到工作,而且年薪50万元都找不到。从一个公司出来到另一个公司,暂且不说职位的升降,给多少工资真的能说明一个人的工作能力吗?个人能力再不行工资也不会有四～五倍的缩减空间吧。这一年包括金融行业在内很多企业也迎来了降薪潮，很多高管都被降薪。所以就像前面文章里讲的一样，笔者每次在股票里赚到的钱，不论多少。都不会觉得是因为自己能力有多强才赚到的，而归因于"运气"。总有人说，你这是谦虚了，运气是成功人的谦辞。笔者扪心自问，每一次赚钱就是运气，不是谦辞。因为越努力、越幸运，尽管努力就可以了。那种自认为很成功而沾沾自喜的心理状态迟早会因为自己的骄傲在股票市场中吃亏。

敢于格式化自己，不断地更新自己。格式化普通的意思是对磁盘进行初始化的一种操作，这种操作一般会使磁盘中的所有的文件被清除。笔者所谓的格式化自己意思是清除过往辉煌成就，让自己进入初始的心态，跟"空杯"心态的倒空自己、时刻归零差不多的意思。例如，一个人从计算机开发行业转行到汽车销售行业；一个小学老师离职出来又考出律师证转行做律师，两者几乎毫无关联性。一般情况下跟自己之前的工作经验相关性较小的，然后几乎给倒空，格式化，再也不用的，完全投入另一个世界中学习进步并成就自己。看似很难，但一般难在跨出那一步，并且一般人都愿意沉浸在原有的收获依赖中。我们都说做出这种决定一般都是被逼的，被逼到绝境才做出这样的选择，正常人怎么会放弃原有的成果？确实有这个原因，但还有一种可能性就是有种很强的欲望要突破自己，要改变自己，要成为跟以前不一样的自己。不管属于主动格式化还是被动格式化都是令人佩服的，无论结果成败，这样的人生旅程是丰富多彩的，人生的阅历也是丰满的，足够吸引很多人崇敬而羡慕的目光。

还有一类是一直沉浸在原有的风光中久久不能自拔。笔者把这种称为情绪格式化，比如说王某曾经拿了一个行业的大奖，然后自己这两年一直提起这事（或被别人提起后也不能自拔的），为的就是提高自己的地位，显得自己很牛，以此想得到别人的尊重，同时也是对自己的认可。一般人都是这么做的，笔者也会这样做，也想得到对方的尊重。现在明白，很多表面上的尊重其实都是欺骗，你以为别人尊重你，其实只是场合中的客套话。场面话，听听即可，真正的尊重是来自你自己内心的强大，不在乎别人是否尊重你，你自己做自己认为重要的事并且做成事，有结果的事，才是真正的尊重。这种尊重不在于别人对自己的看法，而是自己对自己的尊重。当你内心认可自己的时候，别人对你的看法如何，尊重与否已经不重要了。如果自己还在质疑别人为什么不认可我、不尊重我的时候，说明自己对自己也是不认可的、不自信的，究其原因可能还是自己内心不够强大。当我们不再在乎外界对自己的看法时，就很轻松地做到格式化自己了。因为拿奖这回事在自己的世界里已经过去了，不会因为别人一直提起这事就一种沉醉其中，还一直停留在拿奖的兴奋之中。自己很清楚，那一刻已经过去了，要做接下来自己该做的事情了，敢于格式化自己的情绪，清醒地做自己。

不断地更新自己，格式化自己是为了不念过往，而更新自己是为了不惧将来。更新自己的方式有很多种，不限于看书学习，还有实践获得的经验。世界在变化，科技在进步，与时俱进就是在更新自己。在我们原有的偏见里接纳新的观点，去其糟粕，取其精华，用来客观调整原有的偏见，形成新的思维模型。无论是个人还是企业，任何一个有形或者无形的组织都需要时时刻刻自我更新，一成不变的终归会被时代的快车甩到身后。在 A 股市场中，很多策略都是有效的，一段时间后有效性渐渐变弱了，就是因为原有的策略被市场捕捉到，有利的因子被同行复制，从而利润空间被平均了。一般企业的产品也是一样，尤其是电子产品，当新款出来时，往往企业的利润是最大的，但一段时间后同款就会复制出来争夺市场份额。大企业一般都会有很大一笔投入是在创新研发领域。企业都需要不断地更新自己，更何况我们个体。这可能是一个孤独且枯燥的过程，也可能是一个愉悦快乐的过程，这因每个人的兴趣和专业领域不同而不同。笔者认为大多数改变是属于快乐的那一种，无论属于哪一种，选择适合自己的那一种。更新完就会有种重生的体验，只会觉得过去的自己是多么的不成熟。

此一时，彼一时。而当你认识到情绪可以格式化之后，第三层就是意识格式化。举个例子，你在一次聚会认识一个新朋友，朋友介绍说："这是某一年的高考状元，毕业于北京大学的金融系。"这是朋友给到你的标签,你对他的第一印象基本就停留在这个层面,如果在后面的工作和生活中没有太多的交集,你对他的认识基本就是第一印象。但如果随着工作中有了共同合作处事的机会,加深了对他的了解,那么你会更深入地了解这个人,这时的标签可能就不是"高考状元,北京大学,金融"了。如果了解了以后是正向的,你发现这个朋友"够专业,兄弟仗义,能喝酒,会照顾人,做事专注,领导力强,胆子大"等。如果经过了解了以后发现是偏反向的,你觉得他这个朋友"很小气,没有气场,做事马虎,喜欢撂挑子,一点都不够专业"等。那么,你可能会重新定义自己的朋友,并在某些特定的场合保持距离。

不管了解完是何种感受,笔者想说的是"此一时,彼一时。"首先,了解这个朋友,这个"了解"发生在已经过去的某个时段,是昨天也好,上个月也好,去年也好,过去了就过去了,他不代表将来。其次,这个了解只是这个朋友对你的态度,不代表他对所有人的态度,我们自己也是一样的,很难做到"一视同仁"。再次,当你"了解"这个过程中有一些不可替代的综合因素,比如天气和喝酒的因素,可能影响了他的心情,也可能他的工作顺不顺心,压力大不大也会影响到他所做的结果,所以你做判断是不太准确的。最后,也是最重要的,是他经过一段时间后他改变了,变了一个人似的。可能是经历一些刻骨铭心的事情使他改变了,变得更坚强了;可能是他一直在跟着某个巨人,站在巨人的肩膀上改变了,变得更强大或富有;可能是爱好学习,从书本中、从专业领域中获得了人生真谛,变得更有智慧了。当然,也可能因为一些不可描述的事而变得更坏了,变得更负面了。

总之现在的他和你以前了解的那个人已经脱胎换骨了。我们每一个人都会随着时间的变化而变化。没有变与不变,只有变化了多少的区别。如果我们是一直以曾经的第一印象,一成不变地看待朋友,那必然不是一件好事,那么不以第一印象去认识朋友,应该以什么方式或第几印象呢?因人而异,笔者的答案是不畏将来也不念过往,留住当下。曾经的印象只是参考,不是必然延续的,甚至不要考虑以前的印象,把每一次的交往经历当作第一印象。

股票市场也是一样,股票市场变幻莫测,也没有什么一招鲜吃遍天的投资方法。如果某只股票你在去年的时候10元买进的,过了半年20元卖出,现在股价又跌回到10元。你是不是有种路径依赖,还会在10元买进呢?此时的基本面情况跟去年完全一样吗?是不是要重新考虑一下,去年基本面情况以及买进股票的依据放到现在还适用吗?很多因素都要重新考虑。很多因素都在变化,我们当然也是要在市场不断学习,不断更新,不断修正自己的投资意识。持续把原有的"路径依赖"的意识格式化,总想着上次也是这么赚钱的,上次也是这样成功的,所以这次肯定也能成功?市场变了,环境变了,交易对手也变了，怎么会次次成功？不断优化自己的意识，格式化自己的意识，接收（不是接受，因为要在新的信息里做判断和取舍）市场各方最前沿的意识。不能死板地固定思维，要不断更新、修正自己思维模式。所以就要不断格式化旧的思维。

唯一不变的就是"变"，唯一确定的就是"不确定性"，就像巴菲特在股东大会上回答问题一样，"我不知道怎么做才能赚钱，但我很确定我这么做一定亏钱"，所以，在市场中，风控意识一定是首要的。不仅要知道市场机会在哪？也要知道市场风险在哪？不能光顾着眼前，以为马上就要赚得盆满钵满了，亏钱的投资者如果知道会是这样的结果就不会投资了，但仍有一些人亏损得本金都没有了。在投资市场中有处处可见的机会，也有随处可见的坑，有些投资者就是不断从这个坑跳进另一个坑。市场中可见的投资产品和种类比谁都了解，就是从来没在里面赚到钱，就是因为对自己过于乐观自信，风险意识薄弱。

独立思考——一个不盲从他人观点，多维度思考问题的能力，是一个比较重要的认知能力。我们身边每天都会收到很多信息，尤其当你要做投资决策时，很多莫名其妙的信息、电话就过来找你投资了。这时你已经筛选过并删除了很多不可投的项目了，还有一些看似可投的项目，这时的观察力、分析能力和判断力是特别重要的，一招不慎就会导致投资亏损。别人来融资路演时所讲的产品内容、专业能力以及可信度都是要善于观察的，然后是进行行业分析、产业分析、前景分析以及市场分析等，根据分析的结果做出判断。这一系列的过程需要一个完全具有独立思考能力的人去完成。

那么怎样做到一个具备独立思考能力的人呢？笔者认为主要是两点，其一，学习。多读书，首先是为来储备更多的基础知识和专业技能，对一些事物的判断和决策提供大量的素材和数据，这样降低了一些决策错误的风险概率。其次是培养好奇心，不断提出"为什么"，探索事物的成因、目的和功能。对不熟悉或未解之谜感兴趣，将发现答案视为一种挑战。最后是获取信息，订阅多种来源的新闻、专业期刊，确保信息来源的多样性和可靠性；参加研讨会、在线课程，扩大知识范围；组织或参与辩论会和研讨小组，透过讨论澄清自己的思维；学习有效的沟通技巧，以便能清楚、有逻辑地表达自己的观点。其二，思考。换位思考，不仅要换到对方的角度思考问题，还要站在第三方的角度客观看待问题，这样多角度的思考和分析问题的各种可能性，以及解决或避免的方式；批判性思维，学习逻辑学和论证分析的基本原则，提高辨别有效论证的能力，在评估信息时寻找证据支持度、考察数据来源和作者的潜在动机；开放性思维，遇到异议时，不急于下结论，而是先努力了解和体验这些不同的看法；跳出自己的舒适区，与不同背景和观点的人交流；逻辑推理，练习从已知事实出发，通过合理推论得出结论的思维方式；慎用启发式思维和假设检验，确保每个步骤都有逻辑依据；自省和反思，每当做出重要决定或形成重要观点后，回顾思考过程，检查是否存在偏见，定期对自己的判断进行"压力测试"，查看能否在新的证据和挑战下站得住脚；独立判断，在听取专家意见时，也要独立分析其论点的有效性，对流行趋势和共识持批判性立场，判断它们是否有合理根据；决策自主，确认自己的价值观和长期目标，确保决策与这些原则一致，在面对群体压力时，有勇气坚持基于自己分析的决策；自信和坚持，增强自我效能感，即相信自己能够有效地执行任务和解决问题。当自己的观点受到挑战时，不要害怕捍卫自己的观点，同时也保持敏感，以便在有必要时做调整。

时间管理：我们每天有 24 小时，这个时间对于每个人都是公平的，这个时间怎么使用是每个人自己定义的。小时候我们的时间是给了九年义务教育，毕业后时间又给了工作。卖床垫的销售告诉你，每天至少有 8 小时是在床上度过的，所以建议买好点；卖沙发的销售告诉你每天至少有一个小时是坐在沙发上的；卖餐桌、餐椅的人告诉你每天三餐至少一个半小时在桌子上用餐；而随着时代发展，我们所谓的碎片时间都被手机给占用。当然，手机既是工作的工具，也是社交的工具，又是消磨碎片时间的工具。总之，你的时间总是一秒一秒，一天一天，一年一年地过去了。当下你可能不会觉得时间太快，但大学毕业之时你突然发现这 4 年好快，突然就毕业了；工作跳槽时你会发现，你已经至少有 5 年的工作经验了；突然就到 35 岁了，市场上都说到 35 岁以后找工作就难找了；你会感叹你的孩子这么快就满 10 周岁了；突然间你可能会为 50 而知天命的人生伤感落泪，或许很快你的孩子也成家立业了，你也抱孙子了。不管你处于哪个阶段，匆匆忙忙，一瞬间，可能就到了人生的尽头。所以就要重新定义碎片时间，这是一个从慵懒到自律的过程，在一开始的阶段可能是痛苦的，但是一旦习惯养成，生活变得规律就很轻松。每个人都会按照自己的生活方式和想要的学习方式管理碎片化时间，可能你会在上下班的路上听歌曲、听英文、浏览微博看新闻，也可能还在加班沟通工作上的事情，用时间的目的各有不同。笔者把这些时间定义为"无聊"时间。前面笔者也说过了，无聊的人做着一些无聊的事情来显得自己不无聊。正因为我们每个人都有很多无聊的时间，所以社会上会产生各种花边娱乐，有人用这些来填充自己的时间。当然工作也是在填充自己的时间，每天除了吃饭、睡觉的时间，剩余的时间一定会"被填满"。有些事是自己想要的，有些事是不想要的，那么就尽量选择自己想要的这些事来填满自己的时间，

从公司管理的角度来说，如果一个员工每天在公司要待满 8 个小时，而工作任务只有 5 个小时，或者换句话讲，这个员工用 5 个小时完成了 8 个小时的工作量，那么在不考虑工作效率情况下，剩余的 3 个小时在公司可能会显得无所事事。那这个员工可能会在不下班的情况下把这 3 小时耗完，有可能去找同事聊天，也有可能一个人玩手机去了。这时，对于公司管理者来说发现了这个相对无聊的人，那么公司管理者一定还会安排

他做一些工作来继续填满他的时间，让他不那么无聊，也就没有时间和其他同事聊天了。在 2023 年四五月份的时候我们都管控在家，大多数时间很无聊。那时有人天天刷手机视频，也有人天天在家线上抢菜。

美国布热津斯基提出奶头乐理论正是如此。为了安慰社会中"被遗弃"的人，避免阶层冲突，方法之一就是让企业大批量制造"奶头"——让令人沉迷的消遣娱乐和充满感官刺激的产品（如今的社会，娱乐电视、电竞网游、手游直播、扑克、麻将等）填满人们的生活，转移其注意力和不满情绪，令其沉浸在"快乐"中不知不觉丧失对现实问题的思考能力。那么，证券市场是不是也是奶头乐原理的应用呢？这是值得投资者深入思考的一个问题。这个问题有助于我们做好自己的交易，提高在这个市场里的胜率，从而使自己得到更好的回报。

第二章

投资要搞清楚的事

运气的重要性

笔者一直追求的是自己所做的事,并不是追求"钱"。你的目标定位是在把事情做好、完成,而不是把目标设置在这件事要赚十万元、要赚一百万元。所以笔者戏称为"守株待兔"法,其实就像一般的股民做股票一样,你越想赚大钱,结果就是亏得越多。投资股票目标是赚钱没错,内心深处会告诉自己一定要防范风险,所以笔者选择的股票是在基本面、财务报表和技术指标K线分析等综合比较下风险相对小的股票。至于后面能赚多少还是会亏多少,往往看得很平淡。因为明天是未知的,没人知道明天会发生什么。"黑天鹅"事件也会偶尔发生,比如长生生物因为疫苗造假而退市;比如康美药业因财务造假而退市;包括2019年年底的新冠病毒暴发;2022年年初俄乌冲突。所以,我们的投资策略不是万能的,我们也不是无所不知的文曲星,总会有知识漏洞,总会有各种意想不到的事情会影响我们的结果。

当笔者意识到这一点的时候，就不会刻意去追求自己的收益和自己的成功率。因为总会有未知事件影响着你，但我们并不能因为承认这个未知事件（X）而放弃自己的努力。我们要一直努力学习，努力改变自己，努力向成功人士靠近来进化自己。假如把自己的能力设定为 Y，而理论状态下自己能力对应的能力结果 a 而实际产生的结果为 A。那么，我们得到一个公式就是 $Y + X = A (a)$。我们永远得不到理论上的结果，就像我们从小学到初中再到高中，每年都会有大大小小的考试，其实你知道自己的真实水平，但会出现英语比较难或者数学比较难。因为这个难或易并不是自己能够决定的，那么这次考试你会得到一个比较意外的成绩，或许好或许差。这都不是理论上的结果 a。

笔者常常跟身边的朋友用股票投资举例子。身边很多朋友都喜欢推荐股票，比如推荐某只股票涨停或者涨了很多。是因为你厉害吗？还是因为其他原因得到这个结果呢？是你真的有让这只股票涨的能力吗？我们也常常称这个未知事件为"运气"。那就是运气好？或者说运气不好？这种事情在 2007 年和 2015 年特别多。因为这两年 A 股都涨到了阶段性的高点，往往很多人在这种情况下有种错误认识，觉得自己很厉害、很专业。而后的几年里又跌回去一大半，而这时就不厉害、不专业了？笔者认为，正因为你认知范围外的"未知事件"或"运气"存在，你才会有这样的结果。当然后面的我们要做好自己，因为这能提高成功的概率，这是成功的关键。

大家都明白，"努力不一定会成功，但不努力就一定不会成功"。我们不仅要学习履职的专业知识，还要学习其他非专业知识，因为很多知识是有共同点的，就像物理课上很多公式是建立在数学基础上的。另外，它有让你走向一个新领域的可能性。所以笔者股票赚钱了，通常会归结为运气好，并不是很专业、很厉害。不知道自己这是谦虚的态度还是真正的运气好，但笔者都将这归纳到运气上面。说到投资，笔者不会去追涨杀跌，也不是进攻型投资，而是保守派。笔者的逻辑是不亏本就行，很多人都是看涨，预期涨多少，预测会涨到多少。而笔者看的是不要跌多少，至于能涨多少就看"运气"，因为这不是自己能掌控的。这不是自己的能力能做的。所以索性就不管这个运气，留点时间做其他更有意义的事情。其实我们每个人做事情也是一样，你在乎的事情很快就会做好。但是你在乎的是利益，可能得到的结果会不一样。当然这里说的概率，并不是所有事情都是这样的，笔者指的是这样做概率会上升，因为有未知事件或者运气成分。

假设不同正整数方程 x 的 y 次方等于 y 的 x 次方。那么唯一的一组正整数解 4 的 2 次方等于 2 的 4 次方。其结果是 16，这个 16 就是理想的结果。另外 y 如果代表了你的能力，而 x 是运气，能力与运气之间就有了微妙的关系，如果能力较弱为 2，想要得到 16 的结果就需要 4 次方的运气；如果能力较强为 4，则仅需要 2 次方的运气就能得到 16 的结果。

2013 年 10 月到 2015 年 10 月整整两年，笔者一直在大智慧股份有限公司卖股票软件。笔者意识到自己只是个工具人。因为笔者与身边同事重复着同样的工作，每天重复着同样的话跟不同的客户说，可替代性比较强。换句话说，就是随便来一个人就可以代替自己的工作。确实，后来很快这个职位就被"智能机器人"电话语音代替了。这就是为什么公司找一个什么都不懂的人的原因，当然后来知道了，仅仅是笔者运气好才被公司录用的。

2015 年 6 月是牛市的高潮，每个人都经历了这场过山车式的游戏。也是这一次经历使笔者学会了低调谦虚，一切都归因于"运气"。牛市来的时候人人都是股神，每只股票都在涨，你推荐的任何一只股票都是上涨的。毫不夸张地说，就算你买错了股票，你都是赚钱的，这些事每天都在上演。当时每个推荐股票的人都觉得自己很厉害，包括笔者。身边跟着你赚钱的朋友、家人和客户都会给你一个神一样的称号"股神"，这个神话很快就破灭了。2015 年 6 月 12 日，上证指数到了阶段性最高点 5 178 点后，每天就像跳楼机一样急跌。我们的"股神"称号也随之消失了，这次意识到即使你是对的、你也赚了，但也不是因为你的能力带来的。在 6 月之前的"股神"并不是真的牛，而是因为不可控的因素让自己牛了而已。举个例子，假如一个班上小李一直考试第一名，小王一直考第二名。有一次期末考试小李因为事假或者病假特殊原因没有参加考试，结果小王取得了第一名。那么小王的第一名是他自己努力的结果吗？关系不大。主要原因是不可控的因素小王成功取得第一名，或意外事件导致小李缺考进而让第二名上升到第一名的位置。

控制欲望的本质是控制风险

孔子有一天带领学生参观鲁桓公庙，见到一个被斜挂起来的瓶子，有点奇怪，不知道干什么用的，学生不懂随即问道，这是什么？孔子答曰："这是宥坐之器。"接着他让学生拿来水，往瓶子里装水。瓶子斜挂着，往里面灌水时，水装一半，这个瓶子就慢慢摆正端正了；继续装水时，快要装满时，直接会底朝天地翻了，结果会把水倒的一滴不剩。孔子说：这个就像人生，水满则溢，月满则亏。金钱、权利、功绩、爱情、勇敢等都在一个宇宙规则的控制之下。这个规则老子有个形象的比喻："万物云云各归其根。"因为人们的欲望永不知足，贪多、求满、求全。当到一定程度后，天道就像洗牌一样帮你重新清空，这时候就会翻车了，变回一无所有。此时，又有学生问孔子：如何让我们人生变得圆满完美而又不翻车呢？孔子答曰："聪明睿智，守之以愚。功被天下，守之以让。勇力振世，守之以怯。富有四海，守之以谦虚。此所谓损之又损之道也。"孔子意是：

太聪明了，你就傻一点。功劳太大了，你就让给别人一点。勇猛盖世，你就低调一点。有钱有权，你就谦虚一点。凡夫众生，不断膨胀，不断索取，看起来是多吃多占多赚了，而实际上是在减损自己。反观有道之士总是在自我减损，不断示弱，这种看起来的减损和吃亏，实际上，是在保全了自己和强大了自己。

如果一直强调赢，大概率可能会输，就好像赌徒心态，因为赌徒的心态就是贪得无厌。很多赌徒最后都输得很惨，家破人亡，失去自我。一方面是可能被做局；另一方面主要是自己陷入了贪得无厌的循环。一次的赢可能会将你带入一个认知误区，你可能会觉得你有这个实力把输的赢回来。如果你把每次赢当作一个偶然，就会弱化实力。凭的就是运气，运气哪有一直好，运气凭什么会一直照顾你？这样可能你就不会想靠运气赚钱了，也不会有不劳而获的心态。笔者身边有一些喜欢玩得州扑克的朋友，也有喜欢打麻将的朋友，笔者也偶然会玩一会。玩多了，你就会发现，所有人都想要大牌，都想要一手好牌，但很多输得很惨的就是因为牌好，但对手牌更好。因为你好别人也好，结果就是下注越大，输得越惨。有时候你手上牌不好，但对方手上更差，结果就是你赢了。所以笔者常常说，赢是相对的，并不是你有多强，你有多厉害，你有多好就能赢。而恰恰相反，是你对手有多弱，你对手有多差，你才有机会赢。我们往往更喜欢关注自己，而主观上又喜欢自己更好，更强。从而潜意识上就会觉得只要自己足够强，就一定能赢。强，固然不错，但赢要相对于对手，而我们客观上很少去关注对手、很少去发现对手的弱点。自己强是增强了赢对手的概率，要是了解对手，了解对手的弱点，那就提高了获胜的概率。

欲望，可以驱动成功，也可以使人失败。无论是生理上对欲望的需求，还是心理上对欲望的冲动，都是对我们自身一个满足感。这个满足感往往会无休止地从你的脑海里产生出来，就是这种永远不知足的特性，会使过度欲望成为你成败的因果，成也欲望，败也欲望。投资者都知道股市中"十赌九输""十个股民八个亏一个平，只有一个赢"的道理。我们也默认并接受这样的事实，但有一类"十赌九赢"，这是最要命的，一般投资者不理解为什么？笔者也想这样啊，这不是稳赚麻？举两个案例，付某曾经是上海期货界备受瞩目的橡胶业巨头，在2017年9月30日，由于橡胶期货价格剧烈下跌，爆仓跳楼身亡。传闻，付某的账户显示，他在9月13日的客户权益还达到了约1.01亿元的水平，但到了9月26日，这个数字只剩下了3 000多万元，人们惊讶地发现，尽管在此期间有超过4 000万元的资金入账，但他仍然在短短的10天内遭受了高达1.1亿元的巨额损失，最终，付某无法承受如此沉重的打击，走了极端。

重仓地产股的基金老板"某某"跳楼身亡。这些走上极端的人，究其原因，他们在某领域确实有过人的天赋，以及专业能力强，很快就积累了巨额财富，成为"人上人"。由于在市场中长时间有不败的神话传说，自己已经忘记曾经也是啥也不懂的门外汉了。他们之前很成功只是因为前面每次都是赢的，就有了绝对的自信，但只要有一次，也就是最后一次输了，就会输得很惨。

如果一个人有1亿元，每次投资下注是1000万元（十分之一），那么十次下来，十赌九赢，其结果就是输掉一次1000万元，另外的9次9000万元翻一倍，最后收益也是1.8倍，就是1.8亿元。但这些走向极端的人不是这样，如果他有1亿元，连续投资十次，每次收益是一倍，但每次下注都是"梭哈"，那么这样下来十赌九赢，只要有一次输钱，他就归零了。这样的投资收益很高，指数级地增长，但同时风险很大。因为前面很多次都是对的，十赌九赢的人往往已经不相信自己会输了，或者很难相信自己会输，已经连续赢了很多次了，心里想每次都是这么赢的，这一次当然也不意外。但结果有时就是命运要捉弄你一下，那些走向极端的人大多是十赌九赢的"赢家"。

在每一次都能赢的结果下，学会控制欲望，其本质就是对风险的控制，每次都是满仓"梭哈"的人，就是对自己太过自信、缺乏风险意识，忽略了风险会给自己带来的灾难性后果。首先，控制欲望是要学会否定自己，否定自己并不是消极的自我，而是在做决策时的一种策略。并不是在生活中处处否定自己，那样的生活很无趣、也很消极。在做决策时否定自己是对决策的全面而客观地对待，更有利于做出正确的决策，我（公司或者产品）凭什么觉得这次能成功？我在这次竞争中的优势是什么？我真的有你们说的那么好吗？有时候会在别人的马屁中迷失自己，也有人是对自己足够（盲目）自信，对自己的失败不敢面对而选择逃避，这些都是在欲望的驱使中产生的，而欲望能放大有利于自己的一面，自动缩小不利于自己的另一面。欲望使我们只看到收益、成果，而忽略了细节、过程和风险带来不利的后果。而否定自己，会让本来缩小的不利的一面回归到正常思考的一面，也可能放大到一定的程度，影响不同的决策结果。其次，控制欲望是对自己决策投入多少的控制，本质是高风险、高收益，低风险、低收益。不想赚那么多，就不会投入那么多，虽然赚得不多，但遇上风险时，亏损也是同比例的相对少一些。不管投入的时间、精力还是本金、物质，其回报一般也是对应你的投入的。最后，控制欲望会提高你的投资成功率，因为欲望降低了，投入的总数量会减少，不会为了投而投，开始讲究品质了，所以其投资质量变高了。你每投资一笔都是经过深思熟虑的，所以总的投入产出比和收益率上升了，就是所谓的性价比高了。

在一次博弈论的课上，老师请我们做一个博弈游戏。游戏题目是："在1～100中，每个人自己选一个数字（整数），最终获胜的是所有人的数字的平均数的2/3。"班级里共计有三十几个人，谁最接近这个数字谁就是最终的获胜者。笔者看着题目，心理算着，如果大家都选100，平均数就是100，100的2/3是66.67，这是最大的数字答案。因为题目是要求整数，我们就取整66。那么如果想赢,如果大家都写这个数字66,那么平均数就是66,66的2/3是44,我能想到大家肯定都能想到嘛,44的2/3是30,30的2/3是20,20的2/3是13左右,13的2/3是8左右,8的2/3是5,5的2/3是3,3的2/3是2,2的2/3是1。最小就是1。如果大家都是这么聪明,应该都选1,1是正确答案。这是理性的分析。我想大家都这么聪明,肯定会填上正确答案1的嘛。老师收集好所有人的数字开始算了起来,最终平均数是30,30的2/3是20。所以随后获胜的是写20个那位同学,这个结果比较意外。老师问获胜者:"你为什么写20?"同学回答:"没有为什么,我就是猜的。"老师把刚刚的分析逻辑讲了一遍,分析下来最理性的答案就是1。同学们也都知道了。老师说:"我们再来一遍,还是这样的题目,你们现在再写一下你们这个数字",我心里想想,刚做的题目,正确答案也有了,这回应该都是1了吧。我又写了1。老师又把同学们的数字收集起来算起平均数。这一次平均数是18,18的2/3是12。这就很好玩了,老师也好好奇地问为什么是这样的结果,刚刚不是分析过了嘛?老师是教博弈论的,当然知道为什么是这样的结果,只是替我们写1的同学问出的问题。老师就问了,一共三十多个同学,有十来个不是1,就挨个问了一下原因,"36是我的年龄,也是我的幸运数字。""55是我的生日,五月初五""我就是随便写个18搅乱你们的""我预判了会有人搅局,所以我写了15"……原因各不相同。这个博弈结果是笔者意料之外的，尽管大家都已经知道正确答案了，但还是有人非理性地参与游戏。老师接着分析："为什么同样的问题，第二次博弈了，还不是正确答案，就是因为有人非理性地参与了博弈，只有当参与的所有人都理性地给出答案时，才会是正确答案1。我们教室才三十几个人，还会有十来个的同学不理性，何况在市场中的博弈。当然，在证券市场里你们明白这个非理性的存在，才会有套利的机会，这种套利的机会在同一市场中会越来越少，就是上面的这个平均数会越来越小。因为有了博弈，只需提前一步预判了别人的预判才会更加地接近成功，提前很多步就脱离市场的博弈了。"虽然这只是一个博弈论课上的游戏，但确实点醒了我们在股票投资上的一些套利策略。套利策略一开始应用时收益率相对高的，一段时间后，相同策略的收益率渐渐降低，就是因为此套利策略被市场熟知，市场里的投资者也趋向于理性。当然这个游戏没有将利益绑在一起。如果有利益绑定，可能绝大多数人会更理性地对待，尽管这样也不能排除极个别的非理性存在。

上市公司上市融资，资金是企业发展的血液，获得了稳定持续的融资渠道，就是股票发行的基本性质。投资者买入企业的股票，理论上是应该买入多少股票就是获得多少企业增长的红利分红，其次是股价波动带来的溢价。有些企业股票分红很少；有些股票索性不分红；有些股票连续亏损，当然就无法分红了，往往结果会更不好，因为股价也会因此带来折价，所以投资者短期内不仅分不了红,本金也会有亏损。在上面也说了有些投资者就是以博弈的心态来投资的,有一些根本熬不过企业亏损的寒冬的周期。当然也有一些无良企业在造假,比如康美药业(600518)财务造假,股东掏空了企业的现金,在2018年被爆出以后股价一路下跌,股东也因此锒铛入狱。有些投资者就知道买股票,认为就是价格差,不知道买的是什么。只关注价差,5元成本买进,6元卖出,就行了。至于是什么企业,主营什么、过往分红数据、财务状况等一律不看。投资者投资股票就是要看企业的成长预期,当然,二级市场的流动性溢价也是有很多的影响因素,如基本面、企业的预期、整个行业的预期、终端消费的预期,以及政策扶持的预期等。"黑天鹅"类大跌和牛市大涨是恐慌情绪带来的非理性结果,在一段时间情绪的释放后会回归到相对理性的正常的价值曲线,一般超额收益都是在这种非理性的市场中获得的,有句话叫"富贵险中求",但笔者不支持这种非理性、纯粹赌博的行为,笔者认为这并不等于巴菲特的那句名言:"别人恐慌我兴奋,别人兴奋我恐慌。"

货币的争夺

这里补充一下金钱的本质,不管是人民币还是美元,还是古代的"贝壳",其表现形式就是一张纸,你说一张纸值多少货物或者说能兑换多少东西？货币是一个复杂且多面的概念，是国家权利赋予的信用。不管哪国的货币是什么样的形状、什么样的颜色，在本国都有随时可以以钱换物的信用。所以金钱是目前最普遍也是最有效的信用系统，可以说只要以金钱为媒介，任何人都可以从事各种贸易活动。记得小时候在苏北农村地区，农民经常以稻子或者麦子换一些苹果、西瓜，后来渐渐就没有这种现象了，金钱可以打破陌生，快速建立起陌生人之间的信用信任。比方公司用工，公司给你工资，你给公司服务，如果没有金钱，你就不会为公司服务，但你可以帮忙，免费为好朋友帮忙，这里"好朋友"是信用基础。在现代商业环境中，如果没有金钱作为信用担保，很多事情、很多活动根本无法开展，社会也不会进步。所以我们在争夺更多的货币时，其实在争夺更多的社会信用。在法院调解时，原告被告双方都会相信法院的公平公正，双方也接受法院的裁判结果，这是法院的信用。为什么在双方谈判时，往往是更有钱的一方具有优势，具有话语权，这是金钱的信用。这又链接到了马太效应，钱越多，规模越大，越让人觉得安全可靠，这都是金钱在做信用背书。

货币争夺在生活中随处可见，我们外出打工，在一线城市北上广深，赚了一年的钱，春节带回老家消费，那么，你在市里面赚到的钱就带回了家乡。家乡增加了很多收入，因为你的钱在当地消费，钱就留在了当地。也就是说货币也留在了当地，在一定程度上带来了当地的繁荣。各地的招商局，招商办都在招商引资，不管何种企业，被招商过来，一定会在当地有投入，包括建设厂房带来资金，那这些钱也都会留在当地。从招商引资上面来讲，这就是最直截了当的货币争夺，对于我们老家来说就是在争夺全中国其他城市的货币，带来了当地的繁荣。中国加入WTO，那么中国也在争夺全世界的货币，因为我们把产品卖出去，得到了货币，那么货币就流入了中国，从而带来中国的繁荣。往小的说就是一头牛卖给对方，以物换钱，兑换成货币，这也是获得货币的一种方式；往大了说就是把全世界的钱引入中国，招商引资也好，卖产品也好，其实都是获得货币的方式。以这样的一种结构，你去想想外汇的涨与跌，其实本质上都跟这些有关系。当然跟股市也有很大的关系，你想想一家上市公司的产品，卖给下游产业链的某一个公司，其实本质上就是在争夺其他公司的货币。在全世界卖出去的商品，也就是在争夺全世界的货币，从而使自己的价值更高。举办奥运会、马拉松、演唱会等赛事其本质都是货币的争夺。大型体育赛事、演唱会等会吸引大量来自不同地区和国家的参赛者及观众，这些人会在赛事举办地消费，包括酒店住宿、餐饮服务、交通和购物等，直接为当地经济注入更多的资金。这种直接消费的增加对于举办城市来说，是一种有效的"货币争夺"，在短期内直接提升了城市的经济活力，并且增加其在全球或全国的知名度和吸引力。这种形象的提升是一种长期的投资回报，可以吸引更多的旅游、投资和国际贸易，进而促进经济增长。从金融角度看，这相当于提升了城市的信用评级，能够在未来吸引更多的外部资本。另外，大型活动的筹备、举办和后续活动为当地创造了大量的就业机会，这包括但不限于建筑、酒店服务、安全保障、市场营销等领域。这些就业机会不仅在大型活动筹备和进行期间提供收入来源，也有助于提高整体就业率和技能培训，有利于长期的社会稳定与经济繁荣。

汇率的波动也是国与国之间货币争夺的直接体现，汇率也是影响中国A股的重要因素。我们都知道美元是世界货币，人民币兑换美元正常在1美元兑换6.3~7.3元人民币，对于普通老百姓来说正常的生活（吃，住，行）影响不大，但对于做外贸生意可以说是影响最直接的。因为正常的交易货币是美元（会有部分会协议用人民币作为交易货币），国内企业不管是使用哪种货币交易，最后归属于国内的企业所有人，必然就会有货币兑换，在兑换货币时的兑换汇率就是比较重要了。比如，在2018年4月1美元兑换人民币大约6.3元，那么在这时，如果某国内企业A出口一批货物签订合约，就是对外卖出一批货物，收到1亿美元，如果在这一刻一手交钱一手交货，银货两讫，那么企业A即时兑换人民币，获得6.3亿元。如果同时有国内企业B也在给对方供货，但产能没有那么多，合同约定一年内交付，交付完收款，企业在陆陆续续在一年内履行合约。那么在2019年3月时履行了合同并交付了所有产品，同样也收到了1亿美元。但这时汇率变化了，此时的汇率1美元兑换6.8

元人民币，国内企业B收到1亿美元实际兑换后收到了6.8亿元人民币，同样的产品同样的合约，在不同的时间收到款，汇率的变化导致企业B比企业A多赚5 000万元人民币，也就是多了5 000万元的利润。汇票从6.3到6.8是人民币贬值的过程，在人民币贬值的过程中，如果兑换成美元，持有美元是资产增值的一种方式。但同样还有相反的一个人民币增值的过程，如果从2020年3月1美元兑换7元人民币，国内企业借外汇美元债1亿美元，假设利息是8%，拿回国内就是7亿元人民币，期限一年，到期就要还1.08亿美元。2021年3月就要还钱了，到期以后，人民币升值了，此时1美元兑换6.4元人民币，那么这时按6.4的汇率还本付息计算1.08亿美元就是6.912亿元人民币。看看这个例子，企业不仅不需要支付利息，白用了一年相当于无成本的资金，还净赚880万元。但如果恰恰相反的话国内企业要承受更多的债务，比如在2021年4月汇率是6.4的时候，借入美元债1亿元，利息8%。期限1.5年，到期日就是2022年10月。借款兑换人民币是6.4亿元，但是到期后人民币一直在贬值，到兑付期时汇率是1美元兑换人民币7.3元，这时企业需要还1.08亿美元时就相当于要偿还7.884亿元人民币。对于当初的本金6.4亿来说相当于是23%的利率，凭空多出来十几个点的利率成本，这样的借款成本实在是太高了，一般的企业根本承受不了。

人民币升值，货币的购买力就提升了，正常买国外的产品7

万元人民币，升值后可能只需要花6万元，甚至只要花5万元人民币就可以了。购买力强了，可以买到更多的产品了。外贸企业一般希望汇率是固定的，因为企业赚的是产品的钱，汇率的波动实质上是增加了企业的风险，当然企业可以进行锁汇操作，来避免或减少企业的损失。

还有一类是纯资金管理型的资金，就像贸易公司一样。举一个极端的例子，2005年汇率大概在8左右，就是1美元兑换人民币8元，到2014年汇率在6左右，就是1美元兑换人民币在6元左右，这个将近10年左右的周期人民币一直是升值的，中间的短期贬值波动忽略不计。如果在2005年左右有1亿美元（8亿元人民币）进入中国，不做任何有风险的投资的情况下只存3%的银行固定存款。在不算复利的情况下，10年的时间，就是30%的收益，合计本息一共是10.4亿元人民币。在到期后按照当时兑换成美元时的汇率（1∶6）兑换人民币，合计是1.733亿美元。1.733亿美元在1亿美元的基础上增加了73%。这是人民币增值的附加效果，本来只有每年3%的收益，但叠加了人民币增值的效应，到期后结果变成7.3%的收益。这3%只是在货币市场的投资。如果是债券市场、股票市场或者是资金所有人擅长的实体领域，这样的投资组合叠加人民币增值会使得投资收益率更高。如果人民币贬值，而又不得不在中国市场投资，就不得不进行锁汇操作，即货币对冲策略，这样就避免或者减小人民币贬值所带来的损失。

人民币贬值就很容易导致资本外流，上面说过，为了资产增值保值在人民币贬值的时候还是要持有美元的（当然美元不是唯一目标，只是全世界中美元流通性强，日元、英镑等都可以，前提是选择自己擅长的那一个）。一旦资本外流了，就会导致国内的经济增速放缓、消费不足和投资不足。与之相反，人民币升值很容易吸引外资流进国内，所以人民币升值是很重要的，外围的资金也会进来。这也将有利于股票市场，只要人民币升值，不仅国内在外的资金回流，其他国家的资金也会为了资本保值升值而流进国内，这样就能带动经济复苏，加大投资，企业扩产等都会随之而来，股市也就自然而然上涨起来。尤其是做进出口贸易的上市公司，在人民币升值时，利润率会大幅提升。价格随着价值自然就会上涨起来。

人民币的升值好还是贬值好？可能大部分人都会认为升值好，因为升值可以增强人民币的购买力，可以买到更多的国外商品，相当于成本的节约。上面是从金融投资角度看汇率的升值贬值，金融投资的底层资产是实体资产。下面我们看一看实体贸易方面汇率的升值贬值。

首先，人民币贬值时促进进口，中国生产的商品和服务在国际市场上的价格相对较低，这使得中国的出口商品更有竞争力，可能会导致出口量增加。增加的出口有助于提高生产商的收入，刺激国内生产和就业。其次，提高外国投资者的投资兴趣，对于外国投资者而言，人民币贬值意味着他们能以较低的成本投资中国的资产（如房地产、股票或直接投资企业）。这可以增加外国直接投资流入，对经济产生积极影响。再次，降低国际债务负担，如果中国政府或企业有以外币（如美元）计价的债务，人民币贬值就可以增加这些主体用人民币偿还债务的能力，因为它们可以通过较少的人民币换得更多的外币。最后，人民币贬值后支持国内旅游，中国成为一个更具吸引力的旅游目的地，因为外国游客可以用较少的本国货币兑换更多的人民币，享受更实惠的旅游体验。这有助于促进国内旅游业的发展。

提升部分制造业的效益对依赖进口原材料的制造业来说，人民币贬值可能带来压力。但对那些以国内资源为基础、面向国际市场销售的制造业，则可能因为成本相对较低而获得更多利润。本质上，人民币贬值是在争夺外币。

我们先看一下货币的争夺，往小了说就是，你我之间的争夺，赌博也好，交易也好，有买有卖，你我之间有资金流向，要么你的资金流向我，要么我的资金流向你。稍微说大一点，就是股票市场里的博弈，也可以看作货币之间的争夺，A投资者争夺B投资者的货币（俗称割韭菜）。商业行为中A公司争夺B公司的钱，即货币。A公司制作出来的产品卖给了B公司，B公司的货币流向了A公司。这里都是在国内同币种之间的交易。再往大了看，就是通过贸易，A国争夺B国的货币。虽然不同货币之间，但毫不影响货币之间的争夺。按照《商业性质概率》里的说法，争夺具有共识性的通用货币是国家经济强大的压舱石。

争夺必然是通过贸易,将产品卖出去,从而获得(争夺)美元这个通用货币,而为了获得贸易优势,本币(人民币)适当的贬值就是有利的。因为对于内部(国内)来说,争夺越多的外部货币,货币持有人就会愿意花费这些货币,就会进行对内消费、投资。就这有利于国内各个产业的发展,虽然贬值会低估对国内的资产价值,但只要注意把握好度,总体来说能有利于国内消费、产业投资等,从而促进经济发展,老百姓才会真正提高生活质量。如果一味为了资产增值,不顾实际强调账面增值,这就是过度泡沫的虚假繁荣,打肿脸充胖子的自伤行为。金融投资的底层资产是实体资产,所以相对贬值更有利于老百姓的实质质量,毕竟手上获得的现金货币变多了,而不是说自己的资产涨价了。当然,资产涨价也挺好,笔者说更好,是因为获得了更多的现金。

花钱买钱

1元钱能买5元钱的东西吗?在实际生活中根本不可能,没有那个人愿意把自己的5元钱卖给你1元钱,这明明是亏本的生意。金融行业实质就是用钱买钱的行业。例如,银行用3%~5%的利息买你100%的钱,然后它把100%的钱卖给需要用钱的企业或个人,获得6%~9%的收益。我们说一个极端的但有助于理解的情况:一家银行Y,一个存款人A,一个贷款人B。银行只是个平台,账户里没有钱,然后银行Y向A拉进来1亿元存款，定期3年，每年年化收益3%（单利），到期还本付息，三年后合计1.09亿元。同时银行Y把1亿元资金放贷给B，收取年化6%的利息（单利），那么三年后收回本金和利息合计1.18亿元，三年赚取900万元。在这里面，银行Y只花了900万买了A的1亿元的资金，他以1800万元的价格卖给了B。我们把存款理解为买的行为，贷款理解为卖的行为。那么问题来了，如果B把钱都亏完了或者企业破产了，那么A的1亿元本金怎么办？

先不考虑A的本金1亿元的问题，先考虑银行收不回来怎么办的这个问题，因为法律关系上A跟企业没有直接的联系，而是通过银行才有了间接联系，只要银行收回来A的本金就没有问题。首先要明白，银行是不想把贷出去的钱收回来的，因为收回来之后他还会想办法贷出去，与其这样还不如延期贷款，继续收着利息。更有一种说法，延期是被精心设计出来的，因为这是通往永久利息的关键。这一点有些企业家深有体会，尤其是不缺钱的企业，不想贷款的也会被人情绑架，如帮助缓解银行行长贷款业绩等。当然，如果企业无力偿还贷款，银行一般要先行代偿存款人，贷款对银行来说还是有一定风险的。

从认识杠杆，用好杠杆，再到敬畏杠杆

传统金融市场里面的杠杆都是场内业务的范畴，常见的有以下几类：

保证金交易

场内投资者在券商账户中存入一定比例的资金作为保证金，然后借入资金购买股票。这会根据账户中的现金或证券价值确定借款额度。例如，如果一个账户的保证金比例是 50%，那么投资者可以用 10 000 元的现金加上借入的 10 000 元的现金购买价值 20 000 元的股票。就像买房首付款一样，首付 50 万元，贷款 50 万元，买了价值 100 万元的房产。

股票期权

这种衍生产品允许投资者用相对较小的金额（即期权费）控制较大数量的股票。例如，买入一份代表 100 股的看涨期权，投资者预期股价将会上涨。如果预测正确，回报可能显著，但如果不正确，损失会限于期权费。

期货合约

期货合同是投资者约定在未来某个日期以特定价格购买或卖出资产的协议。它们只需要支付初始保证金而不是全额价格，因此也产生了杠杆效应。

杠杆交易基金

这些基金使用金融衍生产品和借款策略放大市场指数或其他基准的日回报,通常是 2 倍或 3 倍。

场外杠杆

场外杠杆,又叫场外股票配资,以 2015 年盛行的伞型信托为主,但在 2015 年 4 月被证监会紧急叫停。它是指由证券公司、信托公司、银行等金融机构共同合作,结合各自优势,为证券二级市场的投资者提供投融资服务的结构化证券投资产品。具体来说,就是用银行理财资金借道信托产品,通过配资、融资等方式,增加杠杆后投资于股市。这种投资结构是在一个信托通道下设立很多小的交易子单元,通常一个母账户可以拆分为 20 个左右的虚拟账户,按照约定的分成比例,由银行发行理财产品认购信托计划优先级受益权,其他潜在客户认购劣后受益权,根据证券投资信托的投资表现,剔除各项支出后,由劣后级投资者获取剩余收益。后来在 2016—2020 年,场外配资市场有部分又转化为个人与个人之间借用证券账户直接融资炒股,被称为场外个人股票配资。场外个人股票配资比较盛行。盛行到法律要出面管理的地步,2020 年新版证券法出台明确说到个人不得出借账户。

股市里的自组织

股市里的自组织，更多的不是在于监管，而在于自组织。与自组织相对应的是他组织。一般来说，组织是指系统内有序结构的形成过程。他组织是一个靠外部指令而形成的组织，自组织是一个没有外部指令，各自互相按照默契而各尽其职形成有序结构的组织。各地都有"商会"，小范围的民营企业家以"老乡"的身份找到各自的组织，商会是很典型的一个自组织。上海市有着全国各地的市县商会，每个商会都会按照自己的规章和当地习俗管理组织。每一个行业，也有每一个行业的协会，有官方的，也有民间的。往往民间的组织会更有活力一些。在经济学中，如果生产者和交易者是靠某一个决策者的命令来组织的，可以叫作计划经济，"看得见的手"叫作他组织。如果人们的买卖交易活动不需要宏观调控，就按自己的想法自由买卖，一样稳定了交易市场，这可以叫作自由市场，"看不见的手"叫作自组织。

巧用杠杆

杠杆是把双刃剑，使用杠杆首先要认识到杠杆投资的风险：

杠杆放大的不仅仅是潜在回报，也包括潜在亏损。如果市场走势不如预期，投资者可能会迅速遭受重大损失。高杠杆交易会增加市值快速下跌导致的被迫平仓风险，特别是在保证金交易中，如果账户资产价值低于特定水平，就会触发保证金追加的要求。杠杆投资通常伴随更高的交易成本和利息费用，需要慎重管理才能确保这些费用不会过度侵蚀潜在的利润。出于以上原因，杠杆投资更适合经验丰富、能够承受高风险的投资者。因此，建议投资者在使用杠杆前充分了解其带来的风险，并制订适当的风险管理措施。

而一般的投资交易中的杠杠收益是加法的结果。加一倍杠杆多一倍收益，也有可能是多亏一倍的结果。加5倍杠杆得5倍的收益，也有可能是亏5倍的结果。而知识杠杆（或者叫技术杠杆）是只有多头的指数级增长的收益，不存在知识杠杆的空头趋势。我们常说技多不压身，所以多读书，多学一门技术，多会一门手艺，多掌握一门语言经过时间的积累，最终都会以财富的形式呈现出来。而且一旦有呈现的趋势，就会打破原有的累加式的结构，直接以指数式上升。有人说你赚100万元需要多长时间，你赚1 000万元就需要多长时间，如果你用5年赚取了100万元，那么接下来你赚1 000万元也差不多是5年时间。原因就在于前面5年的知识积累经验总结，是知识杠杆。投资加杠杆要在行情下跌时加知识杠杆，在行情上涨过程中加资金杠杆。稳中求胜，事半功倍。

股市中的钱

有部分人的投资结果却恰恰相反的,可能需要长达 10 年甚至 20 年时间在市场上摸爬滚打。要起来就是一个风口的事,瞬间呈指数级的投资回报。很多投资一个项目的数据都是这样的,包括二级市场的很多股票的上涨也都是这样。其实很多人都懂这个道理,但还是急于求成,急于让眼前的利益落袋为安。这也不能叫目光短浅,毕竟眼前的结果也很重要,并不是每个企业或股票都能穿越周期。

一级市场的投资就是指数级的增长,有一些创投资本只投初创类的企业,一般在天使轮或者 A 轮就进入了。投资人的成本往往比较低,但周期相对比较长,前几年可能持续亏损,有扭亏为盈的迹象后收益会突破一般人的想象空间,少则十几倍,多则几百倍,更有甚者几千倍。

人性的一大弱点是甩锅主义,把失败的原因归因给外界。股票跌了,怪罪上市公司管理不好,怪罪市场大盘环境差,怪罪基金经理推荐的不好,怪罪朋友的内幕消息不够准确,怪罪最近大盘整体行情不好。找了一系列原因,就是没找到自身专业能力不够。

在 2012 年起到 2018 年,全国盛行的 P2P 不计其数,最后大多数都被以"非法吸收公众存款罪"抓进去了,问题就出现在他们"买"（存）和"卖"（贷）的数量不对等，利息很高。即，买（存）成本很高，但卖（贷）不出去，导致无法兑付存款的本金和利息。

非法吸收公众存款罪的司法解释主要构成要件有：（1）非法性，未经有关部门依法批准或者借用合法经营的形式吸收资金；（2）公开性，通过媒体、推介会、传单、手机短信等途径向社会公开宣传；（3）利诱性，承诺在一定期限内以货币、实物、股权等方式还本付息或者给付回报；（4）社会性，向社会公众即社会不特定对象吸收资金。（未向社会公开宣传，在亲友或者单位内部针对特定对象吸收资金的，不属于非法吸收或者变相吸收公众存款。）

这种花钱买钱的现象在投资股票这个行业里也有，常见就是股票代持，比如 A 买了 1 000 万元的股票 X，但股票一直不涨，或者是说一直没有达到 A 的预期，各种各样的原因都有，所以就一直没有卖出。A 也不想卖出，因为还在期待股票涨到一个好的价格再卖。这时，A 就可能花 100 万元在市场找到 B，以大宗交易的形式把 1 000 万元的股票过户到 B 的账户上代持，B 给 A 900 万元，约定一年以后股票价格波动的收益都归属于A，这时 A 的 1 000 万元还剩 900 万元可以买入其他股票或另作他用。在二级市场，类似的事情还有很多，包括以上说的需要打开跌停板找的翘板资金，就是花钱买钱。这种事情没有好坏对错之分，理性看待即可。

股票的本质

再来说说买股票，我们买的股票是什么？开个证券账户转入几十万几百万元买的是什么？股票，赌博的筹码？还是资产？有些投资人不管三七二十一，进来就买买买，99%靠运气，1%靠消息，对这市场几乎什么也都不了解的就莫名其妙进来了。大部分人的炒股是看别人听别人说这个能赚钱，所以自己也要进来赚钱。在2007年和2015年牛市期间，看身边炒股的人都是满面笑容，在股市赚钱了，自己也想进来捡钱。本以为是进来捡钱的，实际结果是来送钱的，笔者还记得身边有个朋友在2015年开始进入股票市场，38元买入中国中车（601766），后来就一直在高位站岗。

首先，我们买的股票本质是买这家公司的股息收益权，你有权利获得一定的公司分红，这是公司利润定期向股东分配的股息。其次，是投票权，股东通常有权在公司年度股东大会上投票，参与决定公司重大政策和方向。这点通常会被散户忽略，原因主要是买的股票份额太少，投票权的多少与你所持有股票多少成正比。所以一般散户不会被邀请参加会议。长期下来，散户投资者恐怕都不知道有这项权利。再次，是资本增值。这个作为国内几乎所有或大部分投资者的最关注的权利。最后，就是股票价格随市场的供需关系而波动，如果一家上市公司表现良好，其股票价格很可能会上涨从而给股东带来资本增值，股东可以通过卖出股票而赚取差价。散户炒股的核心就在这里，而忽略了其他几项权利。作为价值投资者，股息收益权是最重要的。对于市场投机者，资本增值是最重要的，但对于中国股市几项权利都很重要，为什么要这么强调？就是因为这几项权利投资者都没有真正享受到。换句话说，上市公司没有真正履行好应尽的义务。

股市上涨的动力主要有三个：（1）企业业绩，即上市企业的业绩增长性；（2）资金，资金流入增大流动性溢价，像2008年，2015年的牛市全民炒股，资金大量涌入，股价自然就推高了；（3）政策，上面也讲过中是受政策影响比较大的市场。净利润的增长是股价上涨的核心驱动力。

从炒股到悟道，这是一个过程，每个人真正的投资是从第一次大亏开始的。只有认识到市场的凶残，亏钱亏到怀疑市场为什么会如此这般熊的时候。这时的投资才算正式开始，此前的亏损，都是在市场里交学费。只有经过无数的交易，投资者才能总结出适合自己的方式。

股市的投资人

二级市场的投资人，包括投机者、机构、私募公募等，在这个市场里仅仅是为了赚取股价波动的差价吗？这对社会有什么意义？做这个行为以及公司对社会有什么样的责任？

一家企业从创始人设立到初创天使轮投资到 A 轮 B 轮 C 轮等再到 IPO。股票上市是二级市场开始交易的时候。企业经营几年后，可能还会定增、并购资产、重组，最后股东会转让股份，也可以在二级市场直接卖出，直接转让出去的股份后面还是会在二级市场卖掉。这里面，企业发展有三个阶段，第一个阶段是 IPO 之前，就是上市之前；第二个阶段就是 IPO 和上市之后的资本运作；第三个阶段是股东退出阶段，退出时股东就要考虑股价的问题，退出的价格就是股东的投资收益。

企业发展到第一阶段需要融资，投资扩产，第二阶段 IPO 再融资扩产，第三阶段股东退出。如果股价高，流动性好，一级投资股东就赚到资本溢价，就有更多的钱和动力投资需要融资的初创公司，社会上优秀的企业也会更多，也能提供大量的社会就业和税收等。如果股价低，流动性不好，一级投资的资本就没有赚钱效应，甚至是亏本的。一级投资的资金越少，再投资就会越谨慎，社会上优秀的初创企业就越难融资，难融资就难发展，难发展就没有就业和税收。2023 年股市行情就是后者这样，股市不好，一级投资资金不热，公司融不到资金，一系列问题就出现了，所以短期央行、证监会以及交易所发布一系列利好政策，但效果不是很明显。二级市场也就是股票市场的繁荣是很有必要也是很重要的。如果不考虑短期政策逻辑，只要市场资金形成共识，资金形成共振效应，一起做多 A 股，把股票市场活跃起来，就能有效提高市场资金的投资信心。市场自然会形成一种马太效应，一级市场投资也会随之火热起来，那么社会上的公司融资也不是什么难事了，就业和税收也自然不是问题了。

股票市场的二级投资基金公司，以头部千亿级的私募为代表的社会责任尤为重要，在不考虑短期政策的逻辑下，此时此刻是需要承担起社会责任，而不是考虑现在赚不赚钱还是赚多少钱的问题。把A股市场活跃起来一定会牺牲一部分机构的资金，但大部分的机构一定会从中获利，这种前期的牺牲也是反脆弱的一种表现方式，为的是得到一个更好的结果，为的是使得社会往更好的方向发展。

前面提到在二级市场中不能相信任何人给你的内幕消息、可靠消息，听到的事都只能当故事听，因为参与这事只有三种结果：第一你听了内幕消息没买，盈亏跟你没关系；第二你听了内幕信息买了，结果是假消息并且亏了，这么轻信别人的话，结果自己套进去了；第三听了内幕消息买了，结果是真的也赚到了，但是违法了，接下来就要受到法律的制裁，赚了钱可能不够处罚的，最终结果还是亏损的。在确定买入之前，不妨反复问自己：我是最幸运的吗？我是最聪明的吗？

所以在二级市场不要轻易相信任何人，只能相信交易数据。成交量"量柱"被称为股市的温度计，量柱即每日成交金额的实际记录，成交金额量大，它就高，成交金额量小，它就低。股价较前一个交易日涨了，它就是红色，股价较前一个交易日是跌了，它就是绿色。而每日成交量还实时记录着多空双方的博弈过程，交易量越大，越容易受市场关注，关注度高了，参与交易的人就多了。这是真金白银堆出来的高度，是交易的实际数据情况体现出来的高度，虽然说这跟"内幕消息"比起来有滞后性，但至少数据是真实的，是欺骗不了人的。如果真要参与其中，至少"量柱"这个指标的欺骗性是很弱的。而内幕消息的不兑现是很常见的现象，如果有大量资金买入了，至少在盘面上可以看得出来，而不需要那些所谓可靠的消息，等消息传到散户这儿之前，肯定会有聪明的人带着钱已经参与了。

股票投资戒律

人不能陷入空虚，固守孤寂，要广泛学习，多听取教诲，我们不能因为认识到自己的渺小而自暴自弃。认识到自己的渺小是对历史的敬畏，是对社会的敬畏，是对市场的敬畏。因为有着敬畏之心，努力过好当下的每一天。

外观大势，内省自身，谋定而后动。做事、执行之前，先问自己一个或几个问题，分析解答完问题后再计划执行，一定要先"让子弹飞一会"。

遇事要认真对待，时间允许下要亲力亲为，小心被利益驱使下的小人给骗了。很多人为了达到自己的利益而扭曲很多事实,这是信息不对称的结果,所以你要丰富自己的知识面和专业能力,并与专业的人成为投资团队。

控制风险,不要追逐收益,越想赚钱越亏钱。不想着赚钱自然会有收益,就像沃伦·巴菲特和查理·芒格说的"坐等投资法"一样,他们在书里说的成功投资策略,并不是每天在市场里捕捉信息,看市场热点,每天追涨停的股票,而是"守株待兔"式地等到符合自己投资策略的买入点。

相信"相信"的力量。任何有形的都不坚固,坚固的东西是无形的东西,是一个你并不一定能够看到的,在你的心中坚固的信念。

每一次突破都是新的开始,不能因为一次的成功就觉得以后一直能成功,每一次的成功在此刻集合了天时地利人和。下一次以同样的形式、方法,不一定会成功,因为天时地利人和都随之变化了,保持敬畏之心。这就跟投资股票一样的道理,这一次在某只股票某个价位买进,结果赚钱了,下一次同样的股票同样的价格买进就一定能赚到吗?

言多必失,一定要少讲话,多思考。讲话太多必然会有部分话是没有经过思考的,而接收的人听了会有不好的影响。当然,也会有可能导致一些事情做不好或不好做。

注重倾听,接受批评和指点。因为这样你才会进步,别人的观点不一定是错的,即使你现在不认同或不理解。不要和对方争论。

坚持学习，让学习成为一种习惯。坚持成长。每个阶段需要学习的东西不一样，技多不压身。市场不断在变化，我们的学识也要跟着市场的变化而随之进步，虽然做不到十全十美，但要做到尽我所能。

良药苦口利于病，忠言逆耳利于行。好听的话使你愉悦，但可能你不会进步。不好听的话让你不开心，但可能会让你成长。

有个故事，小孩子自控力很差，辨识能力也弱。如果你每天给小孩一颗糖，几天以后基本就可以取得信任后拐走了。如果你要是每天要求他写作业、多看书，甚至逼迫他多做一套试卷或者多练习一会儿钢琴，对于爸爸妈妈来说一定是在为孩子好，但小孩理解不了，不愿意学习，并且挺反感。我们身边依然有很多人只喜欢接受赞美自己的话，很少有人愿意接受批评，身边有很多马屁精"废话文学"恭维你，有时会让你迷失自我，你一定要站在第三方的视角客观看待。

或许有时有人质疑你，并产生信任危机时，你要做的就是沉默并努力把该做的事做好，到一定程度时或事情做到有想要的结果时，会再次被信任。但这可能不是唯一答案，或许你试图去解释时，有可能会越解释，结果会越不利。

当你被一条疯狗咬了，你有两个选择：一是逃跑，赶紧跑，远离疯狗；二是将疯狗一棍子打死，让它没有再咬你的能力，你才没有再被咬到风险。切莫在没有准备的情况下跟对方"硬怼"。

你在人生的低谷时，不要浪费时间。总结失败经验，学习新技能或深造后再出发，从而实现弯道超车或换道超车。

人生要充实，不要虚度光阴。要做有意义的事来丰富你的人生阅历，一定是有意义的事才能让你实现真正价值，你才会真正兴奋愉悦。

保持独立思考能力。我们听到的、看到的很多都是片面的信息，是别人为了迷惑你而专心设计的台词，或者是他本身认知就不够而向你传达了他自以为是的偏见和观点。

应该向成功的人士学习，同成功人士进行思想交流并通过学习提升自己、进化自己。

机会是留给有准备的人的。应该在准备好的时候创造机会，就像男生追女生一样，机会（成功）不是等来的，而是你自己努力来的。

求真，一定要真诚地做事做人，因为很多事情通过时间都会慢慢还原事实，你的每一句谎言，每一次欺骗都会被别人当作笑话甚至会毁了你。如果你是为了达到某一个目的而欺骗别人，那么是极其愚蠢的事。

保持谦虚，保持低调。不要自以为自己很厉害，人外有人、山外有山，即使每一笔交易都是赚钱的，也要告诉自己是运气好，只是很幸运地买了这只股票，而这只股票又涨了，我们只是幸运地持有一些而已。因为在你交易的同时，也有很多人在和你一样同时交易着同一个标的，很多人都厉害吗？并不是；

再者，你能持续保证每笔交易都对吗？每笔交易都能赚钱吗？显然不能，所以要保持谦虚的工作态度。即使你是控盘的庄家，股价被你抬高一倍，又能说明什么？二级市场就是靠钱买上去的，只要有足够多的钱，每个股民都能抬高一倍甚至以上，那你还算厉害吗？所以一定要保持谦虚。

零和游戏

选择买入一只股票，就有对应的人选择卖出同一只股票，可能你的收益就是对方的亏损，你的亏损就是对方的收益。这种说法对市场里大部分股票都是有效的（如果把预期收益该赚的没赚到也看作是亏损的话，那么对所有的股票都是有效的）。股票价格走势分为三种情况：一种是大体的上下震荡，股价没有太大的波动；一种是像茅台一样一路上涨；还有一种是像中石油一样上市后一路下跌。当然并非绝对的，只是在某个阶段，比如图 2-1 中的"BB 股份"，投资人 A 在某时刻 t 买入 100 手股票，同时在 t 时刻也有投资人 B 卖出 100 手股票。在一路上涨的股票中，投资人 A 是赚的，投资人 B 是亏损的（没赚到也定义为相对亏损）。比如图 2-2 中的"AA 股份"，如果在一路下跌的股票中，投资人 A 在 t 时买入"AA 股份"100 手。在 $t+x$ 时刻卖出，那么投资人的收益是亏损的，而卖出的投资人 B 相对是赚的（没亏也视为赚）。

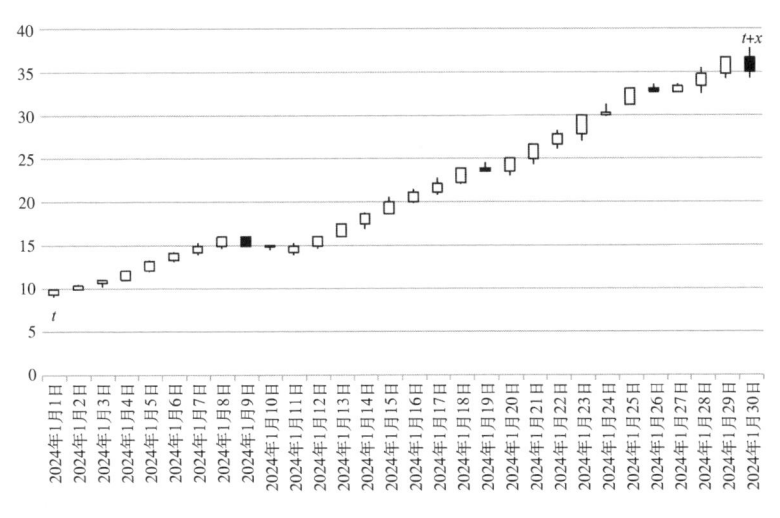

图 2-1　BB 股份公司股票交易情况

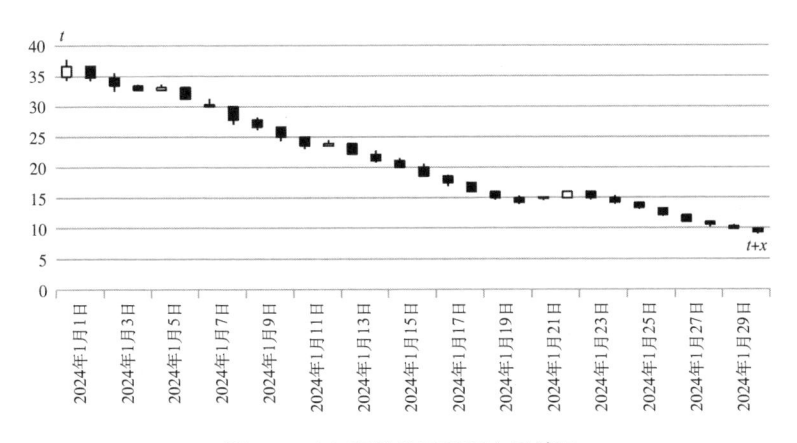

图 2-2　AA 股份公司股票交易情况

如果把自己定位成主力做盘的庄家，在某只股票里不断高抛低吸，以"CC 股份"举个例子（如图 2-3）。如果投资人 A（定义为主力、庄家）在 t 时刻买入，通过一系列炒作，在 $t+x$ 时刻卖出，那么投资人 A 在向上的 M 里赚钱。而在 $t+x$ 时刻卖出的同时，会有投资人 B 买入。而在向下 N 走势中，投资人 B 是处于亏损状态。这波操作市场戏称为"割韭菜"。

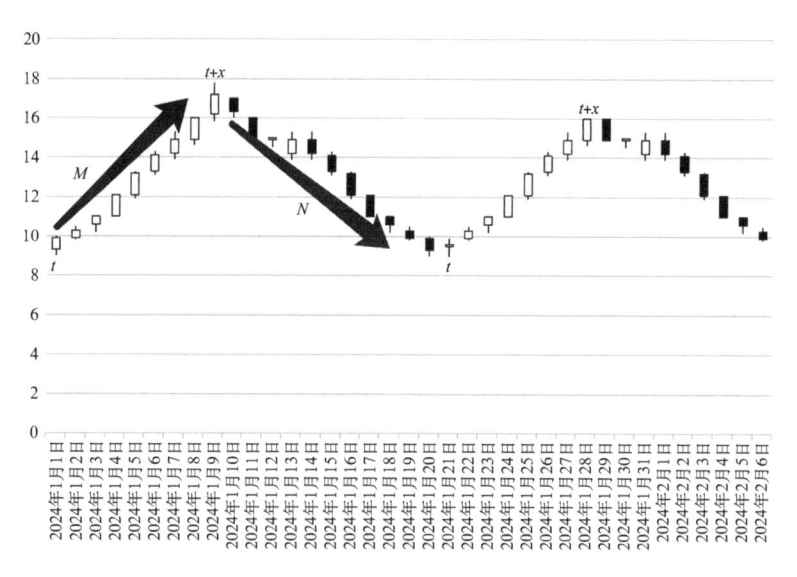

图 2-3　CC 股份公司股票交易情况

这个图更有利于理解零和游戏的案例，有赚就有亏，有涨就有跌。但这不是价值投资的底层逻辑。价值投资的逻辑是像"BB 股份"那样的图示。但在中国 A 股市场像这样的上市公司凤毛麟角，并且市场投资人绝大多数都是短期投资者，市场也常常称之为趋势投机者或者价值投机者,不是长期投资者。我们知道沃伦·巴菲特是典型的价值投资者,持有股票时间往往超过10年。比如投资苹果,可口可乐,比亚迪等。基本都是买入保持持有,在中途没有高抛低吸的动作,从2008年开始慢慢买入,在2015年牛市之中也没有减持,直到2021年才逐步减持。不会因为牛市而减持套现,牛市也只不过周期里的一部分,也是昙花一现,并不影响当初价值投资的预期,一直持有到达到收益预期。

基金经理那些事儿

笔者入行至今数十年,听过无数基金经理路演,好像很少有人说自己能力一般的,基本都是说自己有多能赚钱,但往往很少有连续赚钱的。这也不怪这些基金经理不讲实话,而是市场上很多投资者就爱听这些赚大钱的话,这是投资心理学的一种现象。就好比你新到一个团队做自我介绍一样,说一下基本情况和曾经的荣誉,自我介绍的内容一般都属于积极向上的。一般不会有人刚见面就说自己缺点的。每个人都爱听别人夸奖自己,就算你知道别人在拍你的马屁,你也很难拒绝。很少有人喜欢听别人责怪自己的,很难接受这种痛苦的难受的心理状态,即使你也知道别人是为你好,但还是不太愿意接受。所以不难理解为什么这些基金经理都在介绍他们的策略有多好,公司有多棒！每当现场听这些路演的时候，笔者一般会私下跟路演的基金经理单独聊几句，包括路演结束后面再约时间到贵公司拜访学习。基金经理大致分为三种：（1）盲目型。基金经理自大，觉得自己就是很牛，按照他的策略就是会赚钱，而且一定能赚钱。太高估自己的能力，这种占少数，一般刚做没几年，数据样本不够大，或者还没有经历过熊市的残暴。（2）标准型。基金经理知道自己不一定能赚，但他路演的时候不会这么说，为了迎合投资人，不得不说自己的操作策略会高于市场预期，也能赚到符合预期的收益。要不然连自己都不觉得能赚钱，你想想投资人还会投钱吗？这一类占大多数，适合大型的官方的路演。（3）独狼型。基金经理知道自己的能力范围，路演时跟投资人也讲风险和亏损预期，当然也会说明白投资逻辑和策略优势。这类基金经理以及公司一般做不大，因为他不会迎合投资人，也不会忽悠投资人，适合内部小型路演。市场投资人一般都是在第二种里面进进出出，所以大部分投资人都会随着市场趋势起起伏伏。下跌趋势，这些基金公司不管公募私募，大部分是跟随指数一起跌，投资人自然跟着一起亏钱。上涨趋势，自然也是跟随指数一起涨，投资人也会跟着一起赚。

每年都有很多机构（如公募、私募、券商、资管等）组织策略报告会，尤其券商和公募这类大型的有雄厚背景的机构一般每年都会有所谓的投资盛宴。花一天时间，请行业内数位专家分析当前形势以及投机机会，当天晚上还有可能有晚宴，让投资人有机会跟数位行业专家共进晚宴。笔者认为这类的投资策略报告会对投资参考的价值微乎其微。一方面这些专家上台是他们工作的一部分，也是有出场费的；另一方面这些专家都属于上述第二种标准型。在讲一些已经发生过的历史行情，并展开归因分析，对未来不确定性的行情都会讲一些迎合投资人的建议分析。让投资人的投资情绪高涨，而实质上这些建议分析不一定能给投资人带来投资收益。

每年都有投资报告会，每年也都有盈亏，2008年、2016年、2018年、2022年，这几年市场大部分策略是失效的，是亏损的，因为整体股市下跌。很少机构（包括散户）在市场里赚钱，2007年、2015年、2019年和2021年市场整体上涨的，大部分策略也是有效的，这两年整体也都是赚钱的。所以这些所谓的策略报告会对于市场来说是被动的，并不能给投资带来主要的决策因素，而对于投资者来说倒是很好的学习材料，但这也不至于需要经常去参加，参加多了你就会发现其实讲的都差不多，并且对你的投资并没有实质性的帮助。所以笔者现在很少参加这些所谓的投资盛宴，反而用这一天时间看一本书，可能带来的价值会更大一些。

很多投资者并不了解自己认购的基金经理以及真正的策略内容。有些投资者仅仅是因为自己有投资需求，手上现金太多，总想干点事，就这也投一些、那也投一些，其实他并不了解所投的产品背后的投资逻辑；有一些想了解，但由于是银行、券商及第三方营销机构代销的产品,由营销人员间接介绍某基金产品经理,投资者基于对营销人员的信任或者对营销人员所在的平台公司的信任而认购了某基金产品;还有一些因为仅仅跟基金经理沟通过一两次,对其不是太了解,沟通一两次的效果跟上述标准型的差不多,基金经理都是为了迎合投资人才讲的一些投资人愿意听的话。而投资人很少有慧眼能找到第三种类型的基金经理。一旦认可了第三类的基金经理,往往都能合作很长时间,或者说是投资人一般愿意长期参与认购此类基金经理的产品,长期来看一般都是正收益,确实很少有投资人愿意"雪中送炭"。

就像银行系统的风控一样,钱永远贷款给不缺钱的企业,真正缺钱的企业贷不到款。因为银行认为,不缺钱的企业更安全,也能还得起贷款,高枕无忧地收着利息。而贷款给缺钱的企业会有收不回本金的风险,正因为企业经营不善才缺钱,所以企业会有倒闭破产的风险。因此银行做的一般都是锦上添花,不会雪中送炭。

在股市中也有银行的资金,市场称为优先资金。某机构出劣后资金,作为担保的保证金,成立一个结构性产品,此产品在合同中约定当持仓亏损时,先亏损劣后资金的部分,而优先资金是安全的。这就和券商里融资业务差不多。优先资金获得的收益是固定的收益,双方合同约定多少就是多少,市场一般为6%～12%;而劣后资金一般是产品管理人,根据管理能力获得的是市场浮动收益，当然有可能亏损。银行风控系统会看市场行情给予优先资金份额及收益，往往股市上涨时，银行的风控系统会扩大贷出资金，股市下跌行情会收缩贷出资金。往往股票指数跌到低位的时候，恰恰是抄底的好时机，也是市场最需要钱买入"蛋"时候，此时，银行一般不会贷出很多资金给你，反而行情上涨很多的时候，很多头寸需要获利平仓了，银行资金愿意大量贷款给你。你会发现，当你需要钱的时候，银行不贷给你，而不需要钱的时候反而贷给你。这就是巴菲特说，"别人贪婪我恐惧，别人恐惧我贪婪"的原因了。银行风控人员会向你解释，当股市很低迷的时候各项数据指标不符合风控标准，当股市上涨时或者涨到一定的位置时各项数据指标才达到风控标准才能放出贷款。其实这也是代表了大部分投资者的市场情绪，牛市里身边人人都是股神，市场情绪也会随之高涨，买什么都会涨（赚钱是大概率事件）。

　　熊市里身边谈论股票的就少了，市场情绪低落，买什么股票都会亏（亏钱是大概率事件）。每当市场情绪过热时就会形成泡沫，价格远远高于价值，泡沫当然就会破灭，随之而来的就是价格下跌。在高位买进的股民自然就成为"韭菜"。在美国市场有个恐慌指数，如图2-4上面的曲线，恐慌指数上涨越高，代表投资者投资情绪越恐慌，从而抛售手中的股票变为现金避险，指数就会跟着下跌。买入股票这个行为，说明你已经相信股价未来会涨，所以才会买入。无论是因为业绩预期较好，还是赌一把短期利好的心态,还是看技术面支撑位或是其他技术指标等,都是因为你先选择相信股价会涨才会买入。如果你相信股价未来要跌,那么一般不会买入。

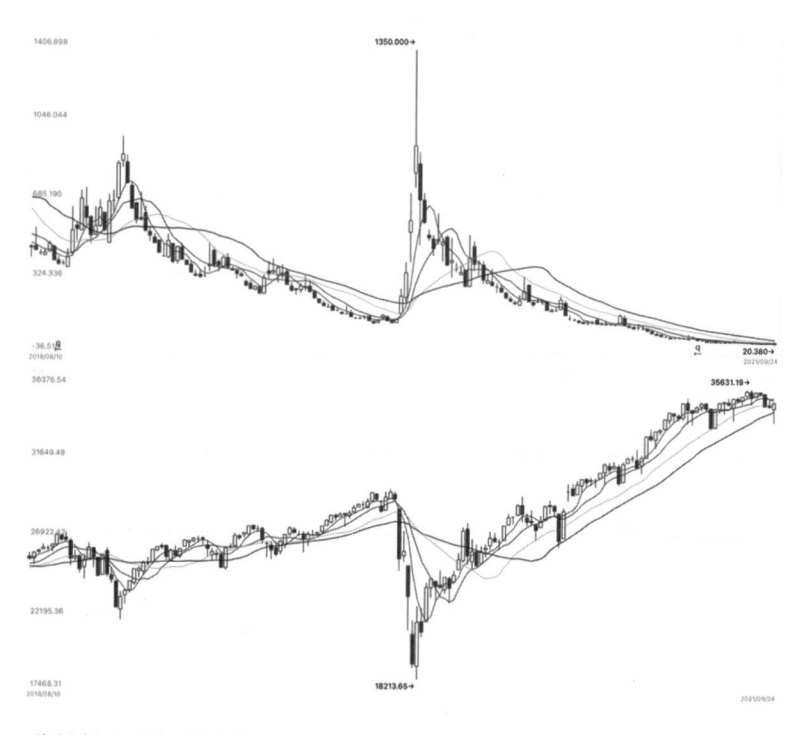

资料来源:东方财富软件。

图 2-4　2018—2021 年的恐慌指数(上)和道指周 K 线的对照

但是,交易往往带有滞后效应。滞后效应意味着,股价的波动反应比事件本身发生的时间要晚,而股价需要一定的时间反映相关的信息和影响。比如交易量滞后,当市场出现重大事件时，交易量通常会增加，但它可能需要一段时间来达到高峰，因为投资者需要时间来分析和做出决策。又比如市场情绪滞后，市场情绪即投资心理因素，可能在一段时间内一直保持乐观和悲观的情绪，即使重大事件本身已经发生改变，市场情绪的滞后也会影响股票价格的延迟反应。市场情绪和交易量也互相影响，如图 2-4 所示，2018—2021 年恐慌指数和道指周 K 线的对照。

利用大数法则的道理在股市投资中的真经就是通过观察大量股票投资者的投资情绪和心理态度来做判断。牛市第一阶段是启动前的市场，此时市场一片萧条，股票投资者投资情绪低落，只有少数的投资者有特别的洞察力相信基本面会好转，而只有相对更少的人，会有勇气，在反对声中不声不响开始做买入；第二阶段，随着行情慢慢好转，有些人开始认识到基本面确实好转了，市场情绪开始积累，更多的股票投资人加入进来，盈利情绪和市场相互依存的循环开始，这一阶段往往就是擅长趋势投资的跟踪者得心应手的阶段；第三阶段，就是身边每个人都得出结论，就是基本面情况会变得更好，而且股票投资者自己相信永远只会更好，这个时候市场火爆了，甚至市场外的大妈大叔全都进来了，大家对未来形成了一致的意见，此时大家都愿意相信树是可以长到天上去的，嘴上可能不说，但是满仓交易的数据以及身边每个人都是这样飞蛾投火的架势已经表明了。

对应着牛市三阶段，熊市当然也有对三个阶段：第一阶段，有少之又少的深谋远虑的股票投资人才能意识到，尽管形势一片大好，但是物极必衰，这一阶段往往和牛市第三阶段的中后期有重叠，在大叔大妈都进来的情况下，身边每个人都相信自己也能在股市中赚到钱的时候，极少数有着历史教训的投资人经得住诱惑，逆向而行，开始逐批卖出股票获利了，空仓观望了；第二阶段，行情由高点拐头向下时，大多数人都认识到基本面越来越糟了，股票投资人逐渐开始抛售卖出，股票价格下跌加剧了人们的恐慌情绪，进一步又促使了市场的暴跌；第三阶段，当身边的每个人都相信基本面只会越来越糟，股价只会越跌越深的时候，而这一阶段往往又和牛市第一阶段的前期重叠，此时，又有一少部分人，在最低点的时候又悄悄买入进场了，不知不觉就变成了最富有的人。越是真理就越简单，所以一般赚到最多钱的人是熬过最黑暗最艰苦的时候，下了决定买入的人，而亏得最多的人是在股市热火朝天时无脑跟随买入的人。

如果仔细观察身边投资人，从冷静到热情再到疯狂的状态，或者反过来的循环，也就是身边其他人的交易行为和对市场的情绪，对搞清楚自己在这个过程中的定位，该做怎样的决定是非常具有参考意义的。牛熊三阶段实际上可以概括成绝大多数人投资态度的三阶段，投资人的情绪是推动市场走向极端最大的动力，包括债券投资、房地产投资、一级市场股权投资。这个投资收益的过程和投资人的投资情绪是一致的。

内幕消息

二级市场从来不缺内幕消息。不夸张地说，每天都有。只要关注这方面的消息，就不断会有人跟你说一些所谓的内幕消息。刚入行时特别相信所谓的内幕消息，并且内幕消息的诱惑特别大，吸引力特别强。2018年，深圳有个操盘团队来上海与我们团队碰面，因为当时有一些资金方面的拆借合作。他说他们操盘手重仓买了××股份，下周一计划打涨停板，连打三个涨停板后出货。初出茅庐的笔者就特别相信，晚饭后回家跟老婆说准备好账户，周一找机会买入，周三就卖出。结果，周一买入的成本价是18.5元，当天尾盘也并没有收涨停板，周二、周三也没有像他说的那样连打三个涨停板，后面就套住了。由于买得不多，就一直持有着，这一套就是两年多。2020年股价跌到了7元多，持仓最多亏损60%多，这是交了一次听信内幕交易的学费。

后面就再也没信过了，但身边从来不缺这些内幕交易的信息。还有一个被他们称为私募大佬的人，每次要出货了，就会宴请一些人吃饭，然后在饭桌上说这个局今天的意义很特别，再后来就会把所谓的内幕消息讲出来，跟大伙分享，带着大伙一起赚钱。组各种局，类似宴请晚宴，秘密茶室聊天，接触各式各样有资金的人，说这只股票马上就要大涨，总之只有一个目的，就是把消息放出去，因为是他在操盘。还有什么重大事项上市公司要公告，一旦公告可能就没有机会买了，营造这种内幕信息的气氛，让市场上的人关注他做的股票，关注度高了，自然就有些人会买了。总会有人跟上面讲的一样，说了可能就会信了，信了就会买了，买了你就可能会被套住了，二级市场的人都称之为"抬轿子"。

曾有位心理学家做了一个实验，将三个事件标记为事件一、事件二、事件三。其中在事件三的事情讲完之后，后面特别加了一句"事件三千万别跟别人说"。其实验结果就是这个显得尤其重要的不能跟别人讲的事情传播速度最快，知道的人数最多。因为"这事千万别跟别人说"在你心里种下一棵"重要"的种子，你会觉得特别重要，也会把特别重要的事情跟别人分享。显得你是一个特别重要的人，一个有价值的朋友，因为你能得到别人得不到的"特别重要信息"。

这事情见多了之后就麻木了，笔者不会再信这些所谓的内幕信息了，当然笔者也是听信了很多次，亏了很多次，在市场交了很多学费会才学会的。亏的钱就当学会不听内幕信息的学费吧，这种想走捷径快速赚钱的方式，自以为能让财富快速增值，结果往往是事与愿违的，欲速则不达。当然笔者所说的这种不走捷径、慢慢赚钱的方式适合笔者，但不一定适合别人。笔者也见过有人一直靠内幕消息赚钱的，甚至赚到很多钱的，可能每个人都有一套最适合自己的投资方式。

当然那些亏的钱是没人会赔给你的，也不会有人同情你。你能怪人别吗？怪了又能怎么样呢？因为亏的钱短时间是回不来的，长时间也不一定会回来，最后往往都是止损出局。出错了，你怪别人也没有用，即使错在对方，钱亏了这是铁定的事实，并不能解决你快速赚钱回本的问题。所以笔者现在渐渐养成总是把错误怪在自己身上的习惯，促使自己成长进步，避免下次再犯错。在这个事件上，笔者会认为听信内幕信息是自己的错误，并不是对方讲这个内幕信息的人的错误，有时讲内幕信息的人也是真心想把信息传递给你，带你一起赚钱的，可是市场并不由我们控制，也不由某个人控制，这是市场行为。

说不说是他的事情，信不信是你的事情，你只能尽量做到自己不说，他说了你也不信。如今也会有人时不时会跟笔者讲一些内幕消息，笔者一律是当故事听一听罢了，不会随便一听就信了。也会有人向笔者打听内幕消息，问有没有后面要涨的，有内幕消息的股票，笔者都是回答没有，当然确实也没有。

内幕消息的定义

内幕消息是指在证券交易中活动中，涉及公司的经营，财务或者对公司的股价有重大影响的且尚未公开的信息。简单来说就是没公开的、很大程度能直接影响股价的信息，一般只由上市公司核心人物掌握着。所以每当有人（哪怕是上市公司核心人物）跟你讲这是内幕消息，千万别跟别人讲的时候，你心里都要默默地问自己三个问题。第一是我何德何能？我怎么会获取到内幕消息呢？第二是上市公司很重要的事情怎么可能这么轻易传出来了呢？第三是这么轻易传出来的信息还是不是很重要，是直接影响股价的信息呢？

股市里的马太效应

在《圣经·马太福音》里有一则寓言：一个国王远行之前，交给三个仆人每人一锭银子，吩咐他们：你们去做生意，等我回来时，再来见我。国王回来时，第一个仆人说：主人，你交给我的一锭银子，我已经赚了10锭。于是国王奖励了他10座城邑。第二个仆人报告说：主人，你给我的一锭银子，我已经赚了5锭。于是国王奖励他5座城邑。第三个仆人说：主人，你给我的一锭银子，我一直包在手巾里存着，我怕丢失，一直没有拿出来。于是国王命令将第三个仆人的那一锭银子赏给了第一个仆人，并且说道：凡有的，还要加倍给他，让他多余；没有的，连他所有的也要夺过来。我们把这种"多的越多，少的越少""强者愈强，弱者愈弱""好的更好，坏的更坏"现象称为马太效应。

这种现象在我们生活中非常常见，我们大多数人都是慕强的，都会被比你更强的人所吸引，因为你能从强者身上学到更多的经验或者跟着强者赚到更多的财富。在企业中这种现象尤为明显，在二级市场更是如此。当一个企业做大了，它的竞争对手就会减少；企业做大了，产业上下游关联企业自然也会被吸引；产品规模扩大了，从而整体成本会减小，使得产品具有价格优势和利润空间，马太效应尤为明显。一级投资市场也是如此，市场具有名气的头部投资机构，往往都不缺投资资金和投资标的，缺钱的好标的公司自然第一时间会向头部机构融资，因为投资机构有大量资金等着投出去；也因为市场投资人知道头部投资机构会有成功率较高的投资标的，而向他们投资资金，就这样资金越来越往头部集中。比较典型的就是顺为资本（雷军），君联资本（联想），红杉资本（沈南鹏），高瓴（张磊）资本等。越有名气，越有资金；越有资金，就越有好的标的；越有好的标的，就能有好的投资回报率；回报率越高，就越有名气，形成正向发展的闭环。

　　二级市场当然也是如此。在每一次的新的概念起来时，总有一个龙头股强者恒强往上涨，你会发现越不敢买，它的股价越上涨，敢买进的股票反而不怎么涨。不管哪一次的热点，风口来了都会掀起一场行业板块或概念板块的普涨，但在普涨的里面龙头股往往只有一两个，从而形成一个现象，即明明是有很多股票都有这个概念，但只有一只涨得最多最高。这里面的核心逻辑就是基本面够不够正宗，有些股票虽然也沾上了热点概念，但是占比其主营业务份额很小，或者预期收益很低。A股也不乏有一些上市公司为了自己家的股票能涨一些，还会故意往热点概念上蹭，诱导投资人买自己家的股票。把这些都排除掉，就剩下的几家公司，比较其核心价值，包括创始人的团队管理能力以及股东背景情况，最终选定值得投资的股票。资金一旦形成共识就会买入这只龙头股，导致其他股票的资金也往这只股票倾斜，从而会形成涨得多的反而涨得越多。因为追热点概念的资金不断从其他股票里抽出来，买进这个热点股票，同类的其他股票短期内不但不怎么涨，还有可能下跌，这种属于短线的资金趋势呈现的马太效应。长线的资金也是一样，在股市最低迷的2016年到2020年年底，贵州茅台就是典型的案例。这几年市场一直不怎么好，2018年到达了低谷期，沪深两市日成交量合计不超过1 000亿元，期间上证指数跌到最低点2 440点。市场资金没有投资方向，尤其是机构的大资金，只能投资相对资产较好的贵州茅台。市场机构资金也达成共识，就是一起长期持有贵州茅台，5年间着股票涨了近5倍，也是典型的资金聚集的马太效应。

建好自己的股票池

做减法以达到叠加目的。一般投资者的选股策略都是优中选优，你会发现这也好，那也好，都好的股票太多了。之后就有选择障碍了，要在股票池里的股票上做减法。笔者每年都会建一个股票池，一旦确定好后这一年的原则是不会换的。只能从这里面做减法，就是更少的选择。不会因为热点概念的变化而做临时调整，这样你会选不过来。因为板块轮动很快，你的时间精力，包括资金都跟不上板块的轮动。就不如在既定的股票池里慢慢排除，这样你的股票池标的越来越少，就不会有选择障碍了。但前提是不能受其他诱惑，也不能因为自己欲望太强而什么都想要。在生活中什么都想要是可能的，当然也是可以满足的，但是在投资的世界里不是什么都能投的，除非你想快速把资金亏完。尽量少做一些股票，尽量做自己熟悉的领域的股票，所以在投资市场中需要调整好欲望。做减法，把不该来的杂念拒之门外，把不熟悉的股票拒之门外。花时间了解好，搞懂后再加入股票池观察，再决定买入，切不可做乌合之众。比如笔者有个朋友是做医药生意的，他就把跟他公司业务和产品相关的上市公司上下游产业的股票研究透了。然后这十年来几乎只交易这几只股票，其他的股票一律不买，据说这十年来的收益不止 10 倍。当然本金是少了点，几十万元赚到了几百万元。就是因为没有对其他股票的那种欲望，这种轻松的心态才得到好的回报，仅仅买一些自己了解的看得懂的公司的股票高抛低吸就行了。

　　乌合之众在股票市场中主要有以下几种表现，说来惭愧，咱们比对一下，可能我们一条都跑不掉，或许在某一个时间阶段里都会有这种表现。（1）人群聚在一起就是乌合之众，投资人也一样，得和别人做同样的事儿，持一样的股票才容易安心。（2）股票投资人痛恨一件事儿，就是看到别人赚了大钱，而自己却没有赚到钱，甚至还是亏损的状态。（3）股票投资人本来一直都是拒绝参与资产泡沫的，但是看着周围的朋友赚钱吃肉，因此由恨生爱，但其结果往往又套在了最高点。（4）金钱总让人意乱神迷，遇到大涨行情，理智立马不在线，随着情绪波动，交易操作也会乱搞一通，这是常态。（5）经济繁荣时头脑发热，盈利预期越离谱越有人信，而经济萧条时呢，又容易过度怀疑，拒绝所有正面信息。（6）股票投资人都有一些怪癖似的心理误区，比如就爱信那些符合他们想法的事儿，那些不符合他们想法的就当没看见；再比如对大多数人亏损 1 万元的痛苦感，大大超过了赚 1 万元的幸福感。以上归纳的可能不是全部表现形态，只是比较常见的一些心理状态。

这就是基金经理的路演状态，说的就是迎合股票投资人心理预期的，可能你说预期收益越高，他们就越高兴，明明知道自己可能做不到，也可能会那样说。为了营销自己的基金产品，当然不会承诺一定有这样的收益，往往在说收益时都会用大概率、可能性很高这类词语，最后还会加一句 A 股名言："股市有风险，入市需谨慎。"投资人也非常喜欢让基金经理做预测："你觉得接下来行情会怎么样？"基金经理常规都会讲一套大家都知道的宏观数据，然后说一些符合大家一致预期的话，为的就是迎合那些投资人的想法，让投资人觉得对，跟投资人的想法差不多。因为心理学里面有一个现象：一个人想要什么，你就会相信什么。基金经理只是说了投资人想要的信息。在基金投资这个行业里，笔者在上海参加过大大小小的基金公司路演，基金经理都会说我们策略是多么好，在市场多么有效，历史业绩是多少。都在说自己好的一面，其实往往不是他说的那么优秀。曾经有人秘密做过一项市场调研，90%的基金经理觉得自己是在行业平均水平之上的。但事实肯定不是这样的，这就是人性过于自信一面，很多人陷入了自己主观认为的或者所相信的事实，跟客观没关系——投资人也是，基金经理也是。

我们假设一下。如果有人对1 024人的一半说明天股市会涨，另一半告诉他们股市明天就跌。那他会对一半，512人说你对了。然后在对的一半里面明天继续一半说涨另一半说跌，连续对两次的有256人。这样连续5次以后（128/64/32/16/8/4/2）会剩下32人觉得他是特别牛的人，连续对5次的那是股神、专家啊。另一种情况，假设中国股市有4 098只股票。每只股票均有一个人买入，且每个人的学识能力都是一样的。以一周时间作为一个短线周期，每个周期都换一下交易股票。这样，每一个周期里有一半股票2 048只涨，有一半股票（2 048只）跌。那么，一个月后连续四个周期都涨的股票有256支（2 048/1 024/512/256/128）。买这些股票的人连续四个周期都对了。你会认为他们是股神吗？即使这样连续都对概率为6.25%（256/

4 096），而这个6.25％概率是一个必然事件的结果。

这是系统按流程走完必然会得到的结果，只是有人正好在这个结果中，这些人看不到整个系统的运行，只是在这个游戏中一轮一轮剩了下来，可能就会觉得是自己努力的结果。当然笔者不否认努力确实可以大大地提高自己获胜的概率，不排除有所谓的"天选之子"。笔者是说这是个必然事件，必然会有6.25％概率的结果，系统运行一定会产生一批剩下来的人，不是这些人，就会是另一些人。

当然，个人努力的意义就在于让自己尽量继续获胜下去。加上自己的能力、学识、认知以及系统和外界等的各种因素，形成了最终的结果。巴菲特也常用"坐等投资法"，等一个适合的机会，并不是天天在市场里找机会。中国股市经常会有政策市，就是国家政策带来一波小牛市，但这往往也是治标不治本。2015年大跌之后，国家层面出台相应政策救市，结果是明显的，但也是一时的。这不是正常的市场行为，所以长期资金不会因为短期政策而调整投资策略。

笔者常常提出一个词叫"充分交易"，没有充分交易就没有有效性市场。很多庄股就是无法"充分交易"，因为庄家控制了这只股票的大部分流通筹码，而使市场筹码分布不均导致市场K线被庄家控制，股价要上涨就上涨要下跌就下跌，被控盘的股票K线不会受大环境影响，因为没有市场资金参与交易，没有充分交易，所以除了控盘的资金交易，市场资金对此影响很小，不大会被大盘指数影响。但这是失真的市场，最后都没有好的结果，因为筹码过于集中，最终离场出货时也卖不出去，很多股票被庄家控制以后因为能力或其他问题导致集中砸盘，一字板跌停。这样，市场就会有所谓翘板资金帮助打开跌停板，从而使市场流通性增强。这是个好事情，当然不会无缘无故直接"翘板"。有些确实是被低估了，市场资金抓住了被错估的定价，严重低估的股票被抄了底。

笔者小时候生活在农村。我妈每年都要养十来只鸡和一头猪。在上小学时，大概八九岁的样子，家里非常穷，上学的学费都是妈妈向亲戚借来的。家里养的鸡也只够改善一下伙食，记得当时每周可能只吃一顿肉，还是大肥肉，因为大肥肉比精瘦肉要便宜很多。自家鸡下的蛋我们非常珍惜，也非常宝贵，也舍不得吃，都要规定好每周只能吃两顿，一顿不超过两个。每逢生日或亲戚来访才会杀一只鸡，春节前是一定要杀猪的。如果站在小猪和小鸡的角度，从猪仔、鸡仔买回来到春节前被宰，它们可能永远也想不到会有一天被人们端上饭桌。其实人生何尝不是如此。小学的时候学校组织的作文比赛，参赛的同学里面有一个是校长家的孩子，结果就是校长家的孩子得了第一名，其他人都是作为陪跑的分母。在公司上班时，同部门的几十个同事都以为靠自身努力有机会升职成为部门经理，谁想到部门经理最后是原经理的小舅子，又成了陪跑的分母。你认为的不确定性，可能在对手那儿是确定性，就像春节前杀猪过年一样。猪可能以为每天吃吃睡睡平静如水未来可期，但对屠夫而言，杀猪过年这一天是确定性的。所以笔者经常问自己，"我到底是不是那只待宰的'猪'？"

投资的不确定性

塔勒布在他的著作《反脆弱》中提出，如果一个事物偏爱不确定性、波动性、压力性，并且能从中获得好处，那我们就说他是反脆弱的。反脆弱的案例存在于你能想到和想不到的方方面面。比如，青春期被压抑的爱情就是典型的反脆弱，越是想让懵懂的情愫安分，心里的小鹿就撞得越厉害。如果再辅以家长的压制，原本模糊的好感，可能会快速升级为热恋。上瘾也是反脆弱的，每次都告诉自己就一次、最后一次，但每次小小的满足之后，导致的却是下次更大的欲望。信息传播也是反脆弱的，越是不让传播的东西，传播度就越广。如果想要一本书火，请把它列为禁书。当然反脆弱，是针对某一方面下定义的，一个个体可能在某方面是脆弱的，而在另一些方面是反脆弱的，比如一个肌肉男看上去可能是很强韧，但是如果被女朋友抛弃，可能哭得像个孩子。一般而言，有机体都在一定程度上具有反复性，而机械体更多的是脆弱。因为机械体面对一定程度的冲击和压力只能被动接受，但是有机体不仅有自我恢复的能力，很多时候还会做出过度反应，就是这些过度反应产生的免疫性，导致了其反脆弱性的存在。比如，你误服了5毫克的毒药，身体会进行免疫，让你的心身更加强壮，为应对10毫克的毒药做好准备。定期做抗阻力训练，给骨骼施加压力，骨密度就会提升，为更大的压力做好准备。而机械体，如自行车、洗衣机等，就没有这样的特性。

讲到这里，相信你对个体的反脆弱性已经有了不错的了解，但是也仅仅是站在理解反脆弱金字塔的第一层，这一层用一句话概括就是：杀不死我的，使我更强大。反脆弱的第二层是：杀死我，使别人更强大。下面我们要把视角从个体拉向系统，系统的反脆弱性依赖于个体的脆弱性。你可能会经常看到家附近的餐馆一家接一家倒闭，但是很快又有新的一家又一家开起来。对于每一个餐馆而言，他们都是脆弱的，但正是他们的脆弱造就了繁荣的餐饮行业。华为、阿里、小米等公司里的每个员工都是可以被替代的，正是每个员工的可替代性才成就了巨头们的不可替代性。这些公司还是创业公司的时候是高风险的，也是很脆弱的。但正是万众创业的热潮才保障了国家经济的活力，承载基因的每个生物个体是脆弱的。但正是个体的脆弱使得整个物种可以不断繁衍进化，而每个物种的存亡又是脆弱的，正是他们的脆弱，造就了地球最大的反脆弱系统——大自然，它就是反脆弱的层级。

在人类复杂的社会架构中，反脆弱的层级已经悄然存在数千年，有些人很清楚脆弱性转移的道理。他们或是某些组织的领导,掌握着决策权,或是活跃在媒体上的评论家,喜欢大放厥词。他们实际上在做的就是一件事,拿别人的脆弱性作为筹码下注,赌赢了收益是自己的,赌输了后果别人来承受。这些人享受着极高的社会地位和福利待遇,却从不承受过真正的风险。当然还有一些人初心可能是为了做一些好事,他们试图让事情变得确定而可控,但经常是消除了系统的波动性和不确定性。而没有了波动性,反脆弱的系统失去了获益的来源,由此变得脆弱。这两类人我们统称为脆弱推手,即那些把我们推向脆弱的人。

脆弱推手在政治、经济、生活、文化教育、医疗健康等领域无处不在,比如过于宠溺孩子的家长,让孩子在多年之后成长为巨婴;过于洁癖的人让免疫系统错失了很多锻炼的机会;给轻微病患者开过多药的医生忽视了人体的自我调节能力,使药物的过多干预,给身体造成隐性伤害,这些伤害被称之为医源性损伤。与好心办坏事的脆弱推手们不同,还有另外一种人,他们企图伤害你,结果却帮了你最多。贬低你的人唤起了你的进取心;阻碍你的人激发了你的求生欲;打击你的人让你变得更强;诋毁你的人却给你流量。前提是,你是反脆弱的。

与窃取他人脆弱性的脆弱推手不同,同样存在另外一种人,他们主动牺牲自己的脆弱性,为了确保整个系统的反脆弱性。他们是百年之前的革命者;他们是百折不挠的创业者;他们是守卫边疆的战士;他们是奔赴火场的勇士;他们是这个时代真事实，每次锻炼只专注于冲击身体的极限。短时间高强度的突破性的训练，引发身体的过度反应，能让自己更快地变得更强，而不是进行长时间低强度的重复性的练习，反脆弱性可以用微笑曲线，凸性曲线来衡量（而脆弱性可以用抛物线或凹性曲线来衡量）。上面的三层理解，让我们知道了反脆弱性的概念和识别反脆弱性的方法。

下面我们进入第四层，拥有反脆弱，如何才能拥有反脆弱性。投资者在股东大会上问巴菲特如何在股市中赚钱。巴菲特说："第一，永远不要亏损，第二，永远不要忘记第一条。"查理·芒格也常说："反过来想总是反过来想，我无法告诉你如何才能获得幸福，但我可以告诉你哪些事情，保证让你过上痛苦的生活。"把多余的部分去除，留下的便是传世的艺术；把亏钱的路线绕开，走向的便是赚钱的通途；避免过上痛苦的生活中，有的便是获取幸福的方法；站在脆弱的对立面也便拥有了反脆弱。那什么样的结构是脆弱的呢，收益有限，风险无限是脆弱的；赢了发财，输了赔钱是脆弱的；坏结果比好结果影响大的都是脆弱的。总的来说，让我们置身于没有可选择性的位置就是脆弱的。可选择性有多重要呢？可选择性越高，你所需要了解的知识和信息就越少。当你满仓操作股票时需要实时盯着市场的走势，甚至是振动的幅度都要精准预判，因为稍有差池，你就会爆仓，你没得选。当你手上留有现金空仓观望的时候，无论涨跌都有应对之法，可以选择进退。可选择性越低，我们正的英雄。重新用反脆弱的视角审视你身边的人，想一想，有多少你曾经敬重的人，其实只是玩弄脆弱性的黑手；有多少爱你的人，其实伤害你最深；有多少人对你的攻击，可以转化为推你前进的动力；又有多少素不相识的人，却给了你呼吸的权利。这是反脆弱视角下的世界，反脆弱金字塔的前两层让我们认识到了一个全新的思维工具，下面进入反脆弱的方法论。

第三层，识别反脆弱。风险很难预测，尤其是小概率风险是很难预测的，并且发生概率越小的事情，我们对它预测的误差就越大，但是在面对风险时，我们的脆弱性却是十分容易衡量的。方法是凸性测试，一般情况下，对于脆弱的事物来说，随着冲击强度的提高，受到的伤害不是线性增长，而是以更快的速度加剧，比如衡量上海这个城市的交通系统的脆弱性。如果汽车数量增加1 000辆，通勤时间增加10分钟，再增加1 000辆，通勤时间却增加了30分钟，再增加1 000辆，直接堵死，那么我们就可以说，交通是脆弱的。被2千克的石头砸到的伤害高于被1千克的石头砸到，这说明人体对石头是脆弱的。在10米高的地方跳下来的伤害远大于从1米跳下来的伤害。这些都是脆弱的。对于反脆弱的事物来说，在一定限度内冲击越强，益处也越大，比如在举重练习中，一次举起100千克带来的好处大于举起50千克带来的好处，也远大于举起1千克的。赚两亿元带来的快感也远大于赚一亿元的快感。塔勒布根据这个原理发明了一套反脆弱锻炼法，就是利用人体会产生过度反应的就必须越聪明；可选择性越高，我们就可以变得越傻瓜。这就是为什么地主家的傻姑娘什么都不懂也可以过得不错，而穷人家的孩子必须早当家。永远不要把自己处于收益有限，而风险无限的位置。而是要用否定法。反其道而行之，使用适合自己的选择风险有限，而收益无限。

与避开脆弱的结构相比，更重要的是拥有反脆弱的人生态度。在人工智能领域有一类叫作强化学习的算法，他们让计算机像人一样，在反复探索、试错、修正、再探索的过程中学习。算法运行的早期越是快速地经历各种各样的失败，计算机就能学得越快。走错的每一步都让计算机离成功更近一步，从这个意义上讲，没有一步是走错了的。这是计算机从人身上学到的道理，我们而作为人，可能却忘了舒适圈原本叫能力圈，忘了每一次对舒适圈的冲击都是一次扩大自身能力圈的契机。忘了真正的舒适躺平不是躲在圈子里的状态，而是爱上突破的过程。只有你真正理解了以上所讲的四层，并且以脆弱视角看待个体；以脆弱层级分析系统以凸性测试识别脆弱；以非对称风险的逻辑规划；以否定法的思路笃行；以拥抱不确定性的心态生活，才能真正跨越脆弱的三元，成为那个反脆弱的自己。

我们总喜欢追求秩序得到的却是表面上的这些，我们都有把控欲。炒股时总喜欢控制波动，结果反而会被波动反噬，亏得一塌糊涂。

以前笔者经常会跟一些基金经理吃饭、聚餐，互相学习、交流。一次听到了其中一位说他们公司有一种投资策略，大概就是自上而下的股票策略。首先，Ａ君筛选出一只符合条件的股票，然后买入，大量买入。接着，召集行业研究员和同行机构以及同样是游资的一帮资金路演，开始推荐这只股票。路演时讲出很强有力的逻辑和操作的依据，有人能接受这样的逻辑自然也会买入这只股票，也会有上涨的空间。行业研究员看了，接受这样的逻辑，自然也会跟其他投资人推荐这个票。买的人多了关注度也就高了，关注度高了，流通性也就高了，股价自然也会涨了。最后，Ａ君就在高位卖出股票，获得盈利。但这是有前提条件的，首先，你要很专业，选股过程和讲解逻辑，得有专业的研究员信，或者说得说服他。这并不是忽悠，因为二级市场的钱都是趋利的，没那么好忽悠的，靠忽悠很难忽悠到精英的。其次，要有足够多的机构和行业研究员认可你。最后，可能就会强者恒强，因为你选择对了某一只股票。在下一个阶段和周期，你会选择另外一只股票，同样地再来操作一次。举一个餐饮的例子吧，如果说我们开一个小饭店。当初投资只有５０万元。开业之后，就有顾客前来吃饭，吃的人多，每天的客流量大，也就是饭店的资金流水也大。如果，你跟身边所有的人都推荐他们过来吃饭，你推荐的人也互相推荐来这家店吃饭，那么吃饭的人越来越多。自然而然你当初投５０万元开的店，现在是不是关注的人多了，想进来参股的投资人就多了。人多就能卖出好价格了，可能就会以５００万元甚至１０００万元的价格盘出去了。当然这也是有条件的，你做的菜要合胃口，这相当于一个厨师的专业性，人家来吃了觉得你做得好吃，才会推荐下一个人来吃。这样你的口碑，你的生意才会越来越好。这个逻辑换到上面的股票投资里面其实也是一样的，你选择的股票是好的，你讲出去的底层逻辑是行得通的，财务报表也是支撑得住的，这样信的人、看得懂的人，自然而然会带着资金入场，久而久之资金渐次入场，股价也随之水涨船高。

一念成佛

我们每个人都有过背负巨大压力的时候，或许是结婚买房交不起首付款的时候，或许是创业失败身负巨债的时候，或许是做错了事导致身背骂名的时候。你都是像肩负一万斤的担子一样，这种压力压得喘不过气，也压得你无力回天，更是一筹莫展，不知所措。顶着压力会找人倾诉，会找人帮忙，会向外寻求你想要的答案。在那么一瞬间，你会顿悟，突然间想通了，笔者称之为"一念成佛"。可能即刻放下所有的包袱，所有的压力都是自己给自己的，并不是别人给的，别人给的那都不叫巨大压力，顶多算是微小压力。就好比假设你口袋只有 10 万元，但你欠着银行 15 万元，你的压力可能很大，因为你知道我钱不够还银行的，还要努力赚 5 万元钱才能还上，这是你能力范围之内的事。但假设你口袋只有 10 万元，你却欠银行 1 亿元，你这时是光脚的不怕穿鞋的,因为你知道你再努力也还不起。当你发现,我努力也可以还得起,甚至再努力一下赚得更多的时候,你就不会再是"光脚的不怕穿鞋"了。所以,想通和没想通就是通与不通之间的一念成佛。如图 2-5 所示,一念成佛,瞬间顿悟。

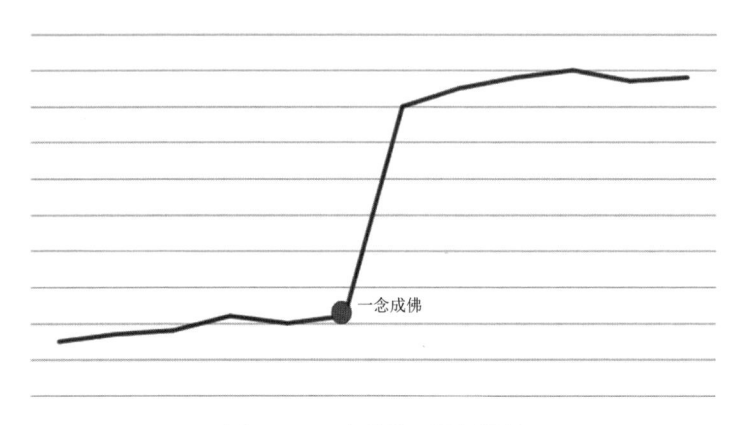

图 2-5　一念成佛　瞬间顿悟

一个人顶着一座山的压力,在某一瞬间顿悟,瞬间可以把所承受不了的压力转化成他的财富,这个财富不一定是金钱,更是指一种精神财富。

在二级市场有大量的案例都是这个逻辑,很多上市公司的股票被炒作连续涨停,在炒作开始的那一瞬间就是"一念成佛"的标志。一些龙头股票一旦涨起来就没有给你上车的机会了,偶尔有些机会给你,可能你也不敢买进了。

一些上市公司的股票一旦题材出来,或者创新出新的产品。

在二级市场只有这两个概念：有，或者没有。有就炒作，没有就不炒作。可能只有一半，或才到三分之一的进程，这些统统归纳在有的范畴，二级市场炒的是预期，一半或者三分之一，那就是有，有就可以炒作一番。其实每年的年报预期行情就是这样，年报没出来之前已经开始炒作了，年报出来之后的一段时间，股价基本不会有大的异动，因为预期已经兑现。年报出来了就是正常的结果，除非跟预期结果相差很大。一般行业研究员都会把上市公司的上下游的订单情况了解清楚才会形成业绩增长（下降）的预期，从而形成投资行为。不管是出来的什么新的概念，新的风口，只要搭上这个概念，在风口上的公司，一般都会被当作风口上的猪，猪也会飞。

讲一个故事可能就理解了，现在有40个人在麻将馆打麻将，4人一桌，一共10桌。如果一开始每人分配100元，场内一共4 000元。无论你怎么调座位，怎么换组合方式，结果都是这4 000元在场内转，而且每一桌的输赢赌注大小也是平均在100元以下的。如果给每人1万元，40人有40万元在这个赌场里流通，你可以想象一下，输赢大小的赌注必定随之涨价，这个就是流通值。看似钱变多了有钱了，但其流通性是一样的。流通性是不管钱多钱少，每打一局牌都要结算一次输赢。在某一天里面，场里面的每一桌打的牌次都是固定的，所以流通次数是一样的，就是流通性是不变的。但因为赌资的大小，导致流通的数值不一样了，因为每次的价格不一样了，就是流通值发生了变化。其实通货膨胀也是如此，国内的商品其实人均需求是固定的，但是央行印发了很多货币，所以物价飞涨，就是每个货币单位的购买力下降，即货币的价值下降了（但通货膨胀不仅仅是这一个因素，还有很多外在因素，比如贸易、国际投资等关系因素）。以这个流通性为目标在A股里的换手率是一个值得参考的指标，一般情况下股价上涨的过程会有资金先吸筹，就是资金要买入股票，就有人卖出，交换筹码形成换手率，一般股价上涨和换手率的增加是相辅相成的，但碰到一字板的这种特殊情况换手率极低，因为没人愿意卖出，买盘就买不到筹码。换手率是股票上涨趋势启动的一个值得参考的指标。股价涨了一倍两倍之后，里面的筹码会产生分歧，是继续持有还是套现离场，在连续几个涨停板之后，后续可能会继续涨，可能会下跌，不管涨跌与否，涨停板打开时换手率最大。成交量会随股价上涨而上涨，但换手率才是衡量流通性的重要指标。

A股市场影响A股指数和个股股价的主要因素有：基本面、资金面、政策面、技术面、消息面等。其中政策面影响较大的或者对于个人投资者来说是不可控的，比较被动的。

基本面就是上市公司的一般基础信息，比如核心题材行业、财务报告、市盈率、市净率等一些基础情况。一个靠努力学习可以获得了解的信息，比如，财务报告亏损的，市盈率太高的等，可以基本排除风险的一面，基本面会告诉你买还不买（卖还不卖）。

技术面是主要靠一些 K 线理论来支撑买卖点的，比如波浪理论、支撑线、压力线、箱体结构等，技术也是做好投资的几个基础。这个像是一个战术，但不是战略。技术面更多的是用于短线投资和确定买卖点，对于所有股票都通用。技术面告诉你什么价位什么时候买进（卖出）。学习技术面可以增强投资能力。

资金面是一个股票有多少资金流进，有多少资金流出的信息。流进的资金就是买进的资金增加，则意味有大量的资金看好这家公司的未来，所以股价就看得越高，反之，大量卖出股票，资金流出。资金面更多告诉你要买（卖）多少。

政策面是比较特别的，我们要客观地看待这个政策面，因为这个不是通过自己努力学习就能获得的能力。这个政策面比较被动，我们自己不能制定政策，比如 2013 年国务院正式批准设立上海自由贸易试验区（上海外高桥），政策一出，上海的上市公司几乎全面连续涨停，股价翻倍。2017 年国务院设立河北雄安新区，消息一出，雄安新区概念股一飞冲天，又是股价翻倍的结果。也有反面的情况，2021 年的"双减"政策，让整个教培行业股价一落千丈。类似这类情况都是个人投资者无法通过自己努力获得的，至于哪些是关联到政策的股票，个人投资者是无法控制的。当然也有一些国家大基金扶持类的政策，可以当作上面的资金面，就是国家大基金的资金往某个行业倾斜，比如国家战略的科技创新的行业、生物制药行业、数字化智能制造行业、芯片行业等，这也是政策面的一种情况。也不排除还有一种情况，就是某个投资者有足够强的关系能够接触到制定政策的人，并且制定重大政策的人在政策出台之前告诉了这个投资者，那么这个投资者就可以能在这个政策中获益。当然这叫"内幕交易"，这是违法的。违法的行为是当然要承担相应的责任的，在这就不必多说了。

这些基本面、技术面、资金面和政策面等因素在笔者看来都是表象的，或者短暂的，每一个单独拿出来都是不能做参考的，但即使学习研究透了也不一定能在市场上赚到钱。因为社会在不断变化，股票市场在不断变化，投资情绪也在不断变化，时时刻刻都存在不确定性，正如那句话："唯一确定的就是不确定性。"或许有些人很擅长短线，就合适赚取短平快的利益。每个投资者都有适合自己的投资方式，也有可能随着时间的变化，投资方式会变。或许有些人光看一个指标就够了，也可能是正收益的。这些都是对的，但这些可能对你来说并不一定适用，因为每个人都只会关注自己，关注自己对市场的认识，在已有的认识里面做好当下的投资选择。有时因为相信一个人，仅仅是对朋友的信任就是跟着投资，这叫无脑跟随型；有时是对自己有足够的自信，认为跟你做投资还不如自己做得好，这是绝对自信型；也有时是基于历史数据参考，选择跟着做得好的人一起投资，这是相对理性型。

我们不得不承认我们都有主观的意识，很难做到事事客观评价。常言道："当局者迷，旁观者清。"公园里，经常有一些人在下棋，围观者比当局者清楚，甚至早已料到这局胜负结果。

　　笔者经常想象一个画面，如果有"上帝视角"，早知道十字路口的交通状况，根本就不会出任何交通事故，因为清晰地知道这路口四面八方经过这个红绿灯的情况。如果有"上帝视角"，就像一个无人机在路口上空看到路口全局情况，就会早有精准预判。但我们实际上没有这个"上帝视角"，如果你提前知道只要这一次闯红灯必定会发生车祸，那么你是不可能闯这个红灯的。或者说是如果你知道别人闯了这个红灯一定会与你发生车祸，那么你也肯定会减速刹车，让对方先过去来避免这次车祸。这都是"如果"，因为当我们驾驶时只能看到我们眼前的视线范围，看不到路口其他视线的情况。假设我们一边开车，另外还有个"上帝视角"帮我们观察是否有危险时，一旦当我们发现有交通事故的危险的可能时，即使是对方责任，我们也会通过加速（减速）或者拐弯来避免这场事故。一旦实际发生了事故，不仅车辆损坏，生命安全也受到威胁。不过，这点很快可以通过大疆无人机来实现。在我们投资环境中，很难做到面面俱到，其本质是一样的。尤其是散户，视角、认知、投资种类都比较单一，很难做到全方位无死角的风控。机构稍微好点，头部的大型机构相对来说死角更少。但这个市场没法做到绝对的无风险，因为市场在不断变化，市场容量也是有限的，其结果也会因为交易过程而互相影响。

所以我们每做一次股票投资时就要像自驾一辆汽车，在过一个没有红绿灯的十字路口时，如果你有一个上帝视角帮你排除危险，就会安全通过这个路口，即可获得投资收益。如果没有全局的安全的视角，只用自己的视角硬闯，即使自己认为已经很小心了，那也很有可能会发生"车祸"，即导致投资亏损。我们始终做不到全局的视角，一方面是时间精力有限，不可能做到；另一方面是盲目自信，自以为能做到而实际没有做到。我们在做股票投资时也是同样的道理，一旦买入一只股票，"买入"这个行为就像是在已经驾车开往这个路口，安全通过就是盈利的结果，出现事故就是亏损的结果，投资者都想安全通过这个路口，有些投资者还没有看懂投资规则，就像没有红绿灯的路口一样，每次过这个路口都有赌一把的心态。有些投资者学习了大量的技术分析和经济学研究等，读懂了投资规则，就像到了有红绿灯的路口一样，安全系数要大很多，但也不代表绝对安全，只是相对比没有红绿灯的路口安全很多。在没有红绿灯的路口自然不用说，纯粹就是赌的心态，包括自己随机买入，包括听取别人意见买入，包括自以为读懂了规则（其实不懂）买入。这里想要得到好的结果往往都是靠运气。另一种通过学习研究，技术分析，学术讨论，建立策略模型等，就像在路口安装了红绿灯，这种大大提高了安全性，投资显得更稳健了。但也有意外的时候，就好像在路口，你没有撞别人，不代表别人不撞你，这个事故风险往往来自"黑天鹅"一样的风险和系统性的风险。比如新城地产（601155）2019年7月董事长因猥亵事件股价连续四个跌停；还有中兴通讯（000063）2018年4月受美国制裁被罚300多亿元，股价也连续跌停。这种情况下即使懂红绿灯的规则，也没有好的回报率，因为市场是一直变化的、不确定的。所以投资者以为自己读懂了投资规则就能一直用这个规则，由于市场在变化，这套规则的适用性也会随之变化。个人因素的时间精力有限，不可能百分之百全方面了解实时变化情况而更新自己对市场规则的理解。所以从这方面来说，投资者的投资收益都有一定的"运气"。获利了就相应的运气好点，亏损了就是相应的运气差一点。当然，有些投资者总觉得是凭自己能力和实力才获利的。

有时候，越对准目标往往越难达成目标，那我们就换一条路径，新东方的俞敏洪在一次直播中说："人生有太多的想不到的时候。作为一个农民，我没有想到能上北大。作为北大的老师，我从来没想过出来干培训机构。作为培训机构的一个个体户，我没有想到过新东方后来能去美国上市。作为一个穷光蛋，我没有想到有一天会有钱。作为一个普通老百姓，我从来没有想到能连续三届做全国政协委员。作为一个连自己家乡都走不出去的人，我从来没有想过我能走遍世界各地。作为一个连普通话都讲不好的人，我从来没有想过今天能用中文和英文在全世界没有任何障碍地交流。作为一个家徒四壁，父母都不认字的人，我没有想过我个人出书就接近50本。我从来没有想过靠我出书拿到的版税，能达到每年500万元人民币，你想不到你的生命会有多广阔。当我拿到北大22元助学金的时候，我没有想到过我和我的公司会成为国家的纳税大户。我自己都不敢想连吃饭都吃不饱，买鱼连活鱼都不敢买（买不起）的人，到现在为止新东方每年能拿几千万元人民币来支持贫困地区几十万名中小学生的教育。"专注于当下的事情，末了结果一定也不会差。你要登上山顶，就要把脚下的每一个台阶走稳。想要做成未来目标的"大事"，就现先把眼前"小事"做好。你要到达河的对岸，就要找到桥或者是船，而不是盯着河对岸。如果一味地追求结果，一直盯着结果而忽略了过程的重要性，那就不会得到现在的结果，因为违背了自然规律和法则。这个系统应运而生的就是按部就班的过程，而按部就班的过程形成最终的结果，如果过程变化了，其结果也会不同。正因为俞敏洪没有预见这些结果，才脚踏实地做好当下的每一件事，这个过程日积月累自然形成了这个结果。如果投资一开始就预见了好的结果，这个结果往往都是偏离事实的结果。投资过程本身就是变化的不确定的，其结果是不可确定的、不可预见的。所以，做投资也是要遵从这个市场规律和自然法则的。

我们生活中有很多又急又紧张的情形，比如过路口红绿灯时，绿灯10秒倒计时，一般都是比较急匆匆地走过去或跑过去；比如上班快迟到了，也会急匆匆地跑到公司打卡；抑或是在医院里着急排队付费。其实不管哪种情形，只要做到自己内心不急，就不会表露于你的行为上。比方路口过绿灯时，眼看就剩几秒钟了，你一旦急匆匆跑过去，不但增加了自身摔倒摔伤的风险性，而且增加了交通事故的风险。你试想，无论哪一种结果你都不愿意看到，那为什么还要抢那几秒钟呢？因为下一次的绿灯仅仅在大约2分钟之后，只要等上2分钟就可以降低很多风险。这种等待虽然看似在浪费时间，实质是降低风险的策略。我们在投资股票时，有些风口吹起来了，概念炒作起来了，同过红绿灯十分相似，也是火急火燎的情形。有些投资者好像不追高买进，就感觉等于浪费了一次赚钱的机会，但也大大地增加了亏损和套牢的风险。往往实际操作下来，每周甚至每天都有新的概念新的风口炒作起来，市场就像红绿灯一样，一直都在，行业概念风口也一直会交替，红绿灯也会一直交替。只是时间周期不一样。错过一个灯就安心等下一个灯，没必要抢那几秒钟而大大地增加了自身的风险。

在股市中，人人都想着选到好股票，人人都想着赚大钱，赚快钱，都有买一只股票就翻倍的梦想。有些人的目标是今年收益30%就好了，选股优中选优就好了，实际情况可能跟当初的目标愿望相反，不仅没赚到30%，更有可能亏了30%。换一个操作思路，目标设定为不亏钱，首先你的预期没有了，结果往往会达到一般人的预期。没有预期目标，你的操盘压力就没有了，也没有心理上的压力了，从而你的操盘思路就会无形中更稳定了，不会被预期压力扭曲变形。笔者在2018—2020年做投资中，常常加上杠杆操作，加杠杆就要给融资成本付息，还有爆仓的风险和压力。这样你的心情就不得不很紧张，不得不把预期收益目标调整得高一些。但最后结果还是没有达到预期目标，甚至亏损惨重。正是因为经历过这些惨痛的过程，才得到这样的情绪调整，急于求成往往都是事倍功半。因为太急，导致基础过程不扎实，越到后面越不稳定，只看目标收益，导致后面走到了赌徒困局，所以没有太高的预期目标。心态稳定了，投资思路也不会被扭曲变形，按部就班，稳步推进就会达到最终目标，因此要从心态上调整到松弛。

第三章

觉醒：投资是一项长期的修行

学习是生活的一部分

　　2021年笔者被人利用了，被别人用来当枪使了，那一阵子很难过，也不知道怎么应对。当时十分后悔轻信别人导致自身面临难处，把自己逼到绝境。跟投资前辈吴总（2021年前已经退休）请教学习，交流时吴总开导笔者："小王，很多事情没有是非对错的，你要把这些经历转化为教训。即使你告诉所有人，解释说你是冤枉的，你是被利用的，幕后是被某某操控了。那又能怎么样？该相信的人还是会相信你，不信你的人听了你解释也不会相信你，你只要做好自己认为正确的事。""人生嘛，每个人都很现实的，无非就是我利用你，你利用我，你要学会保护自己，并从中受益。"笔者被此番话点醒了，调整好情绪，不会在此事上再陷入纠结。一路前行的道路上，难免会有磕磕绊绊，就像《真心英雄》里的歌词："不经历风雨，怎么见彩虹？没有人能随随便便成功。"

在美国著名导演斯皮尔·伯格的科幻电影《头号玩家》里，讲的是主角通过玩一款游戏"绿洲"拿到彩蛋。设为三个关卡，分别获得三把钥匙。只有通过三关，同时获得三把钥匙，最后用三把钥匙同时打开游戏彩蛋的大门，获得彩蛋。最有意思的就是这三个关卡的设置，第一关是通过赛车比赛，最先到达终点的可以获得第一把钥匙。赛道上设置重重困难，加大了通关难度。参赛者一次次地参赛，一次次失败，没有人能通第一关。主角不断复盘不断思考，终于找到了通向第一关终点的道路，"倒车，油门踩到底"打开了另一条无障碍通道通往终点，拿到了第一把钥匙。这一关告诉我们，首先是选择赛道，这叫选择大于努力。其次是逆向思维，当常规思维解决不了问题时，换个角度试试，或许可行。接下来通第二关，主角在游戏中收获了自己的团队，第二关大家齐心协力，通过团队协作，团队成员每人都拿了第二把钥匙。第三关是要在游戏里玩游戏，找到第三把钥匙。所有人都想着只要通关，就能拿到第三把钥匙，但到最后即使玩通关了，也没有人拿到第三把钥匙。这时主角上场，也是斯皮尔伯格导演要表达的，拿到第三把钥匙的关键就是要你享受游戏，不要所谓的赢。通关了，赢了也就"输了"，这是笔者记忆犹新的电影主题。

这就和吴总开导笔者时说的"在过程中受益"，是一个道理，这句话至今对笔者都非常受用。当然内心要扛住压力，不能被压趴下。

这种"不赢"和"玩过程"的心态在股市中非常受用。股市里很多投资者往往都是怀着赢的心态，要在里面赚钱的，把股市当作自己的提款机。实际情况想必大家都知道，80%的人是亏的，只有20%的人是不亏的，不亏不等于赚的，可能只有10%是赚的，这就是"二八原则"。还有一句话叫："十个股民九个输，还有一个在开悟。"大部分人只想着怎么赚钱，只想着怎么优中选优，选到能赚钱的好股票，就好像它一定能赚钱似的。当然这可能是对的，也可能会赚到钱，但这不是必定的、必然的。赚钱是一个结果，你也可能选到你认为优中选优的好股票，但结果是不赚钱的。笔者也会参考这一优中选优的方案，但还有一个自己认为也比较重要的方法，就是看哪些是相对不好的股票，用排除法。把一些认为价值比较差的排除，一项项指标参考排除到最后，留下的便是相对"不差的"。笔者对此的定义是"不差"，"不差"不等于好，就像不亏不等于赚一样。当然每个人或者每套策略系统里的"优""不差"的标准并不是统一的，只能寻求当下适合自己的。因为市场在不断变化，标准也在不断变化，如可能因为某家上市公司的财务报表没达到标准而被排除，重新调整股票池；也可能因为某一只股票并购重组新行业而挑选进入股票池。这里没有唯一标准，也没有唯一答案。

新闻学里讲的三个世界：新闻或媒体传达出来的世界；你主观看到或是认为的世界；还有就是客观存在的世界。因为新闻媒体也是负责人在编辑。说穿了就是从媒体负责人这个角度看到的以及想传达的世界。而你自己的角度且愿意相信的世界是另外一个世界。但这两个角度可能都不对，第三个角度，也就是自上而下的视角是对的。即使客观真实的世界跟你主观的世界一样或很近，那也是你自己主观认为的世界。因为别人，甚至大部分人可能不这么认为。我们生活中最常见的社交软件的"朋友圈"功能也是媒体之一，你发一条朋友圈的信息，至少你的朋友都能看到你要传达的信息。关于发朋友圈有几种功能：第一，以分享信息为目的，让朋友知道为目的，包括景点打卡，奢侈品炫耀和广告之类的信息。（我想让你知道我想传达的信息）；第二，以娱乐为目的，漫无目的的随意记录，记录自己生活的点点滴滴，只是想说我"已阅"的目的。（我管你想不想知道我想传达的信息）；第三，填充对方朋友圈，知道朋友圈的朋友很无聊，生产一些信息来填充朋友们的无聊（我想传递你想知道的信息）。

　　世俗的对与错可能没有那么重要，重要的事情是怎么过好当下这一天。笔者以前经常说时间是最好的解药，因为当我们做一些自己觉得快乐开心的事情的时候，你会发现时间过得很快，你对时间是毫无察觉的。但是做一些不想做、不开心的事或者很艰难的事情的时候，你会发现时间过得很慢，很难熬，这时你就会特意去注意时间，夸张的成语叫"一日三秋""度日如年"。所以当时间一天一天过去，你也会把那些不想去做、很艰难的事情熬过去，熬过去了才发现好像也没什么大不了的。

并且在这段难熬的时间里不断总结经验,告诉自己下次不去碰这些不开心的事,或者即使碰了,也会用其他相对开心的方式完成。所以做好情绪管理是一件比较重要的事。你看喜剧电影时会跟着一起大笑,你看恐怖惊悚片时会跟着一起紧张,即使你一家人其乐融融,你也会因为电影故事情节影响到情绪。因为情绪会传染,当我们碰到这些不开心或是很艰难事情的时候难免会有情绪要发泄,这时我们如果控制好自己的情绪,就不会把不好的情绪传染给别人。

在《坛经》里有一段六祖惠能和子弟的对话:"时有风吹幡动,一僧曰风动,一僧曰幡动,议论不已。惠能进曰:'非风动,非幡动,仁者心动。'"意思是当时有风吹着旗帜摆动,一弟子说风在动,另一弟子说是旗帜在动,两人争论不休。惠能上前说,不是风动,不是旗动,而是你们作为修行人的心在动。炒股的散户,每日看着 K 线图的心情是不是也是跟着 K 线图的涨跌而变化呢,市场流传一句话,"一根大阳线改变信仰",意思是即使跌了那么多了,股民们都失去信心了,只要来一天大涨,股民的热情就又回来了。有多少股票在一年后又回到去年的价格。就像市场中的段子,上证指数从 2010 年 3 000 点附近直到 2022 年,这 12 年里涨涨跌跌,最后还在 3 000 点附近。很多个股的股价也是一样的,涨涨跌跌,起起伏伏。如果我们的情绪也是随着涨涨跌跌而起起伏伏是大可不必的,完全是在浪费情绪,这是一种内耗。所以我们投资者在股市中也算是一种修行，要尽量做到不管短期的涨跌，心不为所动。买入之前的预期目标，买入后不为所动，静等花开，不要因为市场短期变动而随意改变思路。或者一旦做出策略改变及时卖出，也不要再停留在后悔和遗憾卖早了、少赚了这些悲观情绪中，别让悲观情绪影响后期操作。

做好情绪管理

学会控制情绪。简单地说就是开心不要过头，悲观沮丧但不要失望。图3-1中曲线a、b、c分别代表乐观和悲观的情绪值。数值坐标上面10%代表乐观值，下面-10%代表悲观值。那么在任何事情当中不管什么事情都要控制好情绪上的波动，因为在情绪波动越大的时候，往往做出的决定是非理性的，做的动作和行为也都是非理性的，常常会导致非常不利的后果。人生开心固然很重要，尤其是成年人在工作中能有纯粹的像小孩一样的开心在复杂的社会中更为难得。但是如果有竞争对手故意在你开心的时候（比如喝酒）让你签个不友好的合同，因为在很开心的时候（图3-1a）往往会冲动做出一些非理性的决定。等情绪稳定下来之后发现当初这个决定是错误的，有些事情可能有挽救的可能性，有些事情根本就没有可能，只能硬着头皮履行非理性决定下的合同。这种乐观情绪下的决定相对悲观情绪的决定还算是好事情，如果在悲观情绪下做一些非理性

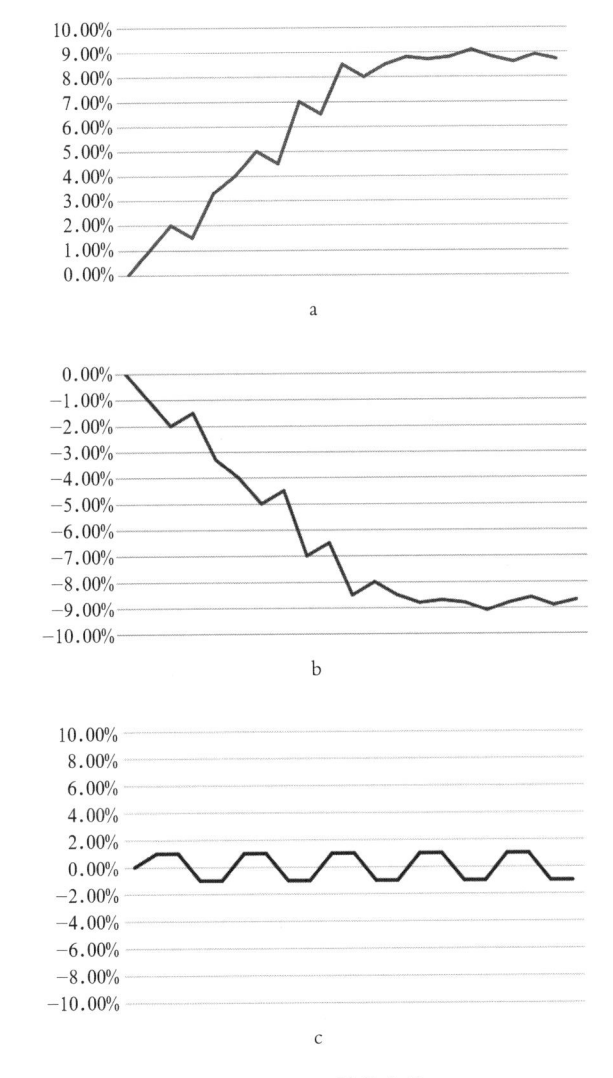

图 3-1 abc 情绪曲线

的决定，往往后果更严重一些，比如双方吵架后互相大打出手甚至闹出人命事件。人在很悲观的情绪中（图3-1b）的行为往往导致不确定的结果，也就是事后会觉得非常后悔。比方在市场普遍下跌的时候，市场情绪都是一片看空，一些投资者在人云亦云中清仓了所有的股票，并且对天发誓今后再也不碰股票投资了。往往在这时候市场就慢慢回暖开始反弹行情了，此时还是这些投资者被乐观的情绪带动又参与到股票市场中并大举买入。但这样的投资者往往整体收益都是负的，就是因为情绪不稳定，并且所做买入卖出的决定是在市场情绪最高值时或者接近最高值时做出的决定，这是非理性的行为。我们要做到控制情绪波动率，尽量让情绪波动率（图3-1c）越小越好，时间越短越好，戒骄戒躁。这样的时间持续的越长，在这个时间内做决定的概率就越大。所以，即使有情绪上的波动，也要把时间缩短，控制好情绪，管理好情绪。

如果把上图中的情绪值直接看作股票中的分时图，大部分投资者会在上涨的趋势中（图3-1a）追进买入，也会在下跌的趋势中（图3-1b）卖出股票，就是因为你的情绪跟随股价一起波动，但往往就是在追涨后被套牢，市场情绪影响了个人情绪。提到个人情绪，又想起惠能大师的那句话："不是风动，不是幡动，是仁者心动。"做好情绪管理，是投资者的基础条件，更是他们生活和工作的基本要求。

不论是对待大事还是小事、好事还是坏事，要稳定你的情绪，不要让你的情绪凸显出来，被对手看出来。一方面，不要骄傲或沮丧，保证把自己的事情做好、做完；另一方面，不要让对手有机会给你带来麻烦。

假设一只价格为每股 10 元的上市公司股票，悲观派（悲观情绪）认为这个公司价值只有每股 9 元，或者预期要跌到每股 9 元。乐观派（乐观情绪）认为，股价要涨到每股 11 元，因此，乐观派会做出买入交易，甚至加杠杆买入。乐观派极其喜欢用杠杆投资加大资金买入，在杠杆投资方式中，融资融券业务或者场外配资中，乐观派买 100 万元市值的股票，只需要支付 20%～50% 的本金。支付 20% 的本金就是 4 倍的杠杆，如果 50% 的本金就是 1 倍的杠杆。而悲观派是不加任何杠杆的，甚至是以卖出股票空出闲置资金将其在场外出借给乐观派。因为悲观情绪的预期是股票下跌，与其被套牢不如卖出止损或收取固定收益。而杠杆是通过乐观派对市场情绪的影响力助推了股票价格的上涨，但这一定是泡沫吗？如果现在回头看 2015 年的牛市，大家都说那是人造杠杆牛市，那是泡沫。上证指数以及很多股票一路上涨后又一路下跌泡沫破裂。但如果放到此时此刻，某一只股票上涨了很多就一定是泡沫吗？如果乐观派是正确的，加大杠杆买入，股票上涨后并保持在上涨后的价格区间，也就不会有下跌的空间和可能。但如果悲观派是正确的，那么股票上涨是临时性的，泡沫很快就会破灭，股价也会很快回到原来的价格区间。这里的杠杆是中性的，是把"双刃剑"。如果理性的乐观派相信股票的价格被低估，预期未来会涨，这时杠杆会起到关键的作用，也会突出杠杆是一个非常重要的工具。但如果非理性的乐观派误判了股价，使用杠杆买入，而最终股价跌破强行止损线，不仅本金全部损失，在强行平仓过程中还加剧了股票下跌的趋势。所以不管是乐观派还是悲观派，理性使用杠杆才是最重要的。

管理好情绪还有一点比较重要的是削弱主观认识，虽然很难做到，但笔者认为真的非常重要。首先，主观认识是人们的习惯思维，也是最不易改变的，想要克服这一点，就要多虚心接受别人的意见。接受别人的意见并不代表否定自己的观点，也不代表一定听取和听信别人的意见，只是接受这些观点存在的事实。其次，每个人意见的主观认识并不统一，比如，问身边朋友同一个问题："最近最流行的事是什么？"可能每个人的答案都不一样。有人认为是最近流行的电影、电视剧；有人认为是流行的新款游戏；有人认为是某品牌的服装或首饰；也有人认为是某地区经济发展的成果；等等。每个人关注的焦点不一样，兴趣也不一样。所以同样的问题不同的人给出的答案是不同的，这些答案是根据每个人主观认识得到的。最后，不能要求、也要求不了别人跟自己想法一样。笔者接受别人的观点，接受不一样的信息来重新调整自己的主观认识，就是在原有的主观认识上结合新的认识重塑一个新的认识。人不能沉迷在过往经验带来的成功当中，这样就会夸大经验的作用，从而影响对当下时局的正确认识。由此一来，过往的经验反而会加速自己走向败局！重新修正自己的认识也是稳定情绪的方法之一。老师上课经常讲"乐观的心态容易忽略风险而加杠杆"，那么，如果以此来降低自己乐观情绪值，从而变得相对理性，至少从相对理性的层面做出决定，风险是相对小一些。虽然达不到像图 3-1c 那样的稳定的情绪值，但我们在不断地修正认识中渐变稳定。投资行为也会因此渐渐变得理性。至少在别人都往上加杠杆和高价交易时，自己作为少数派不会觉得这是"错误"的行为，不能人云亦云，也不能做羊群效应里的一只羊。在价格上涨时，控制好人性的欲望，让过于乐观的情绪回归到相对的值，同时，做一些其他的事对冲这件事的关注度，以便降低对此事件的情绪。

不刻意探寻因果

因果关系，有因导致的果还是由果引发的因？很多人可能都会觉得没有因哪来的果？有因才有果。是吗？我们人类社会的制度是先有制度管人，还是先有行为的结果再制定制度？我们就拿刑法来讲个案例，高空抛物罪（2021 年 3 月 1 日起生效）：从建筑物或其他高空抛掷物品，情节严重的，处一年以下有期徒刑、拘役或管制，并处或者单处罚金。2021 年 2 月 10 日上海杨浦区某女士正在小区楼下和邻居聊天，突然从她的正上方掉下一个白色物体。一袋装有陶瓷杯碎片的垃圾从窗口扔出，砸伤了某女士。另一个案例，妨害安全驾驶罪：对行驶中的公共交通工具的驾驶人员使用暴力或者抢控驾驶操纵装置，干扰公共交通工具正常驾驶，危及公关安全的，处一年以下有期徒刑，拘役或者管制，并处或者单处罚金。在这之前我国法律是没有这类高空抛物罪名和妨害安全驾驶罪的。新闻处公布重庆公交车坠江事件原因，据车内黑匣子监控视频显示，系乘客与司机激烈争执互殴导致车辆失控坠江。很明显这两个案例里是先有行为和结果而后立的法。而对于立法之后就有了因，因为不能做一些犯法的行为，做了就会承担相应的法律后果。

我们在股市经常会看到一种急涨急跌或大涨大跌的情况，这对于大部分人来说会感觉莫名其妙。收盘后你就会在各大新闻、评论中看到专家们站出来解释各种原因，告诉股民为什么涨为什么跌。比如今天出台新的利好房地产的政策，随后资金嗅到地产公司要迎来一波上涨行情，加大资金买入，所以股价因大量资金买入而上涨，这是典型的先有果后有因。换句话说，因果一直并存没有先后顺序。或者说你看中某一只股票，它的基本面、资金面、政策面都没有问题。你就想股价波动每天都会有新的价格，买入也不一定就会赚吧？内心里就想亏了怎么办？然后又告诉自己说分析好这只票肯定没有问题，不会亏的。现实中，市场的波动以及"黑天鹅"事件或者各种原因下跌了半年，你的持仓也是一直处于亏损状态。这时候你会后悔说：当初我就预计到会跌，或者说我知道它会涨，但跌下来的可能性我是预见到的。这时你是接受这样的结果的，虽然嘴上不接受，但是心里早就已经接受了这样的结果，如果不能接受，你就不会买入。你能接受多大的亏损，往往就真的亏损那么多，然后拍拍屁股走人。这样的结果是不是也可以看作先有了果而后有了因呢？笔者指的果是预见不到的或者是未曾预想的。

学习是一种生活方式

　　笔者在三十多岁才明白学习本身就是一种生活方式，要是早点明白这个道理可能早就下笔写这本书了。学习本身也是一种很好的健脑方式，学习不仅仅是自己读书看书还能跟着学校里或视频里的老师学习；跟身边的朋友交流也是一种很好的学习方式；参访一些企业，听企业家分享创办企业至今的一些经历，这都是学习。企业无论大小，笔者有机会都会去探讨，进行思想碰撞。看不同的书会看到不同的观点，跟不同的企业家交流也是很好的观点吸收方法。不断地看书学习，不断地学习交流，久而久之，自然而然你的思维也会改变。但这确实很枯燥，因为大多数人觉得打麻将，打游戏，喝酒、唱歌等都要比读书快乐得多。当然你可能工作很忙，但是，只要静心读书学习，武装自己的大脑，总会有收获。虽然有一些学科你认为比较难学，但只要投入的时间精力足够，长期来看，没有什么是学不会的。就像我们学习一门技术一样，一遍、两遍、三遍，只要有足够的时间，就一定能学会。你会发现学的东西越多，很多知识、逻辑都是相通的。虽然概念不一样，但表达的意思是一样的，到那时再学习新的东西就越来越快，你的知识盲区越来越少。越是博学多才，越会发现知识的匮乏，有很多知识需要补，有很多闻所未闻的新的知识点，还需要花更多的时间一点一点地学习。学习只是追求自己想要的东西，最终学习不是目的，能用起来才有价值，因为价值只能通过创造来实现。你要用好你所学的知识，创造你能力范围内的价值。

笔者现在看起来很笨拙，甚至被身边朋友嘲笑：一个三十多岁的人了，不去上班赚钱养家，不去投资赚钱，上有老下有小连物质都没有保障还在死读书，读死书。但笔者相信刚开始谁都是这样的，人生很长，按照平均年龄活八十岁左右算，剩余的人生还有50年。把人生轴线拉长到未来50年来看，别管已经过去了多少年，笔者相信即使现在三十多岁，眼前这几年这只是刚刚开始。做好自己该做的，可能结果就会自然而然地好起来了。

前几年网络上有个很火的图片，画的是很多人在面对疯狂内卷，躺又躺不平，卷又卷不赢，然后卡在中间45度姿势的尴尬状态。结合这张图片，笔者是这么定位自己的：躺一半，卷一半。在面对不确定的环境或是相对差的环境时，我们要选择躺平，是投资的钱躺平，人（学习）不能躺平，因为投资做不好是要亏钱的，所以钱躺平不动。但人不能躺平，要继续努力，继续学习，继续探索，继续打磨，一旦机会来了，结合守株待兔的偶然机会，伺机而动、获取成功。

在学习这件事上，不被人理解是正常的，这方面也不需要被理解，因为笔者是一个独立的人，不想活成别人眼里的人。有些人总是活给别人看，笔者觉得活在别人眼里的这种状态会很累，所以只想按照自己的方式过好自己生活，学习也是其中的一部分。所以笔者不会与不理解自己的人争辩，因为不想伤害他们；当然也不应该被他们影响，因为笔者同样不想伤害自己。每当有不理解的人提出一些看法的时候，笔者都会顺着他的看法迎合着说："你讲得对"。对读书来说，哪怕是为了下一代，笔者也要通过现在的努力成为一个爱学习的人，这样才有资格与孩子共同成长。笔者的孩子已经上学了，所以我们应该要互相影响，共同成长。因为孩子也是一个独立的人，不应该强迫她去做一些她可能不理解的事。只要做好"示范"作用就行了，时间长了笔者相信孩子自然也会明白这件事。人生的路还很长，要健康，要干净，尤其是脑子要清醒，这几点很难，笔者怕很难做到。总归会经历一些意想不到的事情而改变人生轨迹，所以笔者要努力地保持头脑清醒，不断优化自己思维。当然这只是说笔者觉得的，自己认为的这样是适合自己的，每个人的经历和背景都不一样，都是独立的个体，每个人都在找适合自己的生活方式。不是说他吃的比你好、用的比你贵，就一定是好的生活方式，每个人追求的生活方式不一样。你是对的，他也是对的，大家都是对的。

弄懂游戏规则后再参与游戏

中国古代老子思想的精华"人法地，地法天，天法道，道法自然"，在社会上有很多种不同的解释和理解。其中，笔者比较接受南怀瑾老先生解释，他称"法"是效法，学习的意思；"人"即我们个人，人类的意思；"地"就是大地，人类生活的载体；"天"是指有形的太阳系的物理概念的天，不是西方的上帝的抽象意思；"道"则是指天体各类系统运行的自然规律。"自"是本身的，本来的存在，"然"是当然如此，老子所说的"自然"是指道的本身就是绝对的，道是"自然"如此，自然便是道，它根本不需要效法谁，道是本来如此，原来如此，所以谓之"自然"。人生来怎么会成那个样子？人就是那样子。你怎么会是这样子的人呢？我本来就是这样子，一切都是如此，没有什么原因，这就是"自然"。整句的意思是一个递进的关系。意味人要效法大地，大地则要效法于天体运行，天则要效法于道，以道为其运行的依据。而道则效法于本真的自然。这一点在投资中也是相当重要的，笔者前面说过"充分交易"，这也是自然的本身。如果不遵从本身的实质情况，想方设法拉升股价或以某种不正当的手段来造势，这是违背自然规律、自然法则的。

　　有些投资者参与投资市场很久了也不知道游戏的规则，仅仅知道简单的买卖操作和听别人的买卖建议。就好像我们看一场足球比赛，如果你只关注进球结果，那你可能不需要看过程，只等结果就好了，也用不着买票现场观看或是在电视上看直播。你如果不懂足球比赛里的规则而在现场跟随人群一起呐喊尖叫，整个过程就显得混乱。在比赛开始前就得了解什么是越位；什么犯规条件下罚红牌；什么犯规条件下罚黄牌；什么犯规条件下罚点球；等等。有些人就是伪球迷，什么规则也不懂，只是跟着别人一起呐喊尖叫，寻求纯粹的开心。什么规则都不懂，你就不知道球场上实际发生了什么，你就只能跟着别人一起漫无目的地呐喊。当然单纯的开心也可以，但换作是投资的话，就不能只为开心了。股票市场也是一样，你也得懂这里面的规则，要不然你都不知道自己是怎么赚钱的（这种概率很小，少之又少），也不知道自己是怎么亏钱的，只能把这些结果简单粗暴地归因给运气，其实这些都是无知带来的后果。所以投资者要参与到市场中，就要对规则有一定程度的了解，才能提高自己操作的成功率。首先，你要弄懂一家公司做到什么程度才能上市。其次，要知道上市之后还有哪些资本运作。最后，在什么条件下触发风险警示直到退市，后又靠买卖"壳"转行上市。这个流程每个环节都很复杂。

　　个人是在社会环境中，一切都有固定不变的法则、游戏规则、自然法则。不能勉强、不可勉强、不必勉强，一切遵从于"原来的样子"，该怎么样就怎么样。这就是回归到股票波动周期，涨多了会跌，跌了会涨起来，这个市场就是这样的游戏规则。说到"自然"，有些人修行静坐、打坐以达到"静"的目的，真的能静心吗？人虽然坐着，但脑子里想法很多，妄想纷飞，乱七八糟，这并不能达到静，甚至是大动，因为心很乱。有些人就是用一些自欺欺人的方式告诉别人我很"静"，其实内心静不静只有他自己心里最清楚了。而如果是个有规律的运动，往往是可以很"静"的，笔者说说自己的感受。比如开车，笔者只是一心想到达目的地，除了开车看路，脑子里心里其实没有任何想法。跑步也是一样。只是一个很规律的机械运动，除了眼睛看路，心里没有任何想法。所以内心的"静"并不是表面的形式上的打坐方式的"静"，而是内心或者说是脑子里的真正意义上"空"，也就是"静"。只要在一个单一的思想中便是"静"，不乱想便是"静"；一会想这，一会想那，既要又要还要就是"乱"。哪怕你忙于一天的工作，这一天、一周或者一个月的时间内你的思想只在专注一件事，不管这事成与不成都是"静"，这与惠能大师的"不是风动，不是幡动，是仁者心动"有异曲同工之处，无论外围环境怎么变动，心不动便是"静"。

股票投资中的"静"与"空"

笔者习惯经常放空自己，以前理解的空，是什么都不做，躺平，什么也不想、什么也不做。好好睡一觉或者出去玩儿，把烦心的事情全都忘掉。其实忘不掉，或者只是自己找不到好的出口，仅仅不愿意想起，出去玩或者睡一觉是逃避的方式之一，但结果还是会为此前的所有是非，所有烦恼和压力去思考，让自己陷入其中，承受思想上无形的压力。当看到佛法里面讲的空时，笔者恍然大悟。现在理解的"静"是一个境界，是一个专注到忘我的境界。《坛经》里面慧能大师说："自我心中没有是非，没有善恶，没有嫉妒心，没有贪欲嗔怒，没有劫心毒害，看到一切善恶的外境外相，自心不散乱，虽然修行一切善业，自心却不生执着。自心没有对外物生追求攀伊之心，不思量善，不思量恶，自由自在，无所挂碍。自心既没有对善恶生攀缘之心，也不能陷入空虚，固守枯寂，这就是说需要广泛学习，多多听取教诲，实现自我本心，通达一切佛教真理，待人接物和光同尘，没有人我之执，直接达到无上觉悟，真我本性没有改变。"所以，现在理解的"空"是你身边发生了所有的事情，一件一件事情累积起来，但是，你不为所动，心静如水。这一下子让自己感受到另一个境界，就像风吹过你的身体，你的五官、你的身体感受到了，但什么也没有。就是你经历了很多事情，但没有一件事情是让你真正的为之动容。你在股市赚了很多钱，你也不必花很多钱搞一些夸张的事情；即使你在股市亏了很多钱，你也不要因为亏钱而带来的压力，做一些改变原有计划的事。事情发生了，但心境或是心态要当它全都没发生过，不执着于此事。这其实对于做投资的来讲，就是不能追高杀跌，也不要人云亦云，要保持独立思考，这对于股票投资来说是一个很重要思维。当然，每个人都会选择最适合自己的投资方式，最适合自己的才是最好的。当自己埋头苦干，只为一件事情努力，并且开心地努力完成，达到完全忘我的境界。这里手头只有一件事，这件事已经完全和自己合二为一了，就像呼吸一样存在，但却并没有专注于呼吸，不用考虑怎么努力呼吸，不用考虑自己是怎么努力做的，因为自己很开心地沉浸其中、享受其中。

生活中的"空"

在《金刚经》里有一句说信仰是这么说的："若以色见我，以音声求我，是人行邪道，不能见如来。"讲述的是，如果人们仅凭肉眼所见的形象和听到的声音来寻找和认识佛主，那么他们就走上了错误的道路，因为这样无法真正理解和见到如来本质。也就是说不留于表象，不是说一定要到寺庙里跪拜才所谓虔诚。内心的虔诚跟到哪里拜佛毫无关联，我们很多去寺庙跪拜的信徒都是假信徒，都是去求财求好运的，有求财求好运之意的都不是有佛性之人。还有"色不异空，空不异色，色即是空，空即是色"。"色"即物质，事物。"空"即虚空，真空。"异"字解释为离，缘起假象谓之色，缘生无性谓之空，所谓色虽然分明显现而无实体，所以说色不异空，虽无实体，但分明已显现，所以叫空不异色。《金刚经》里的译文解释是，世间存在的色本来就与空异质，作为存在之底蕴的空也与任何物质形式没有什么不同，那么物质的本身就是空，空的现象就是物质，人的精神现象（受、想、行、识）也应看作这种色与空的统一。既不信神也不信佛。笔者理解为：字面意思就是色离不开空，空离不开色，色也是空，空也是色。何为色？色是一些事物、表象，比如一件事，应酬喝酒，一天的工作等。空就是虚空，空性。我们每天都是要经历一些事情，成年人基本在工作中度过自己的一天，未成年人基本都是在学习里度过自己的一天，可是回头想想生命中有几个"一天"能记得住呢？或者有几个"一天"是有意义的呢？在我们生命中能占比百分之一？可是我们的生活确实是由这些"一天"组成的。所以你空和色合一。但你想逃离这些毫无意义"一天"也不可能，总是眼睛一闭一睁度过了一天。

《金刚经》中的"空"是佛教哲学中非常深奥的一个概念。在《金刚经》中，这个概念用来指示世间一切现象（包括物质和非物质）的无固定性（无自我），即一切事物都是因缘（条件）相聚而成，它们缺乏独立存在的本质。这种理解被称为"空性"。"空"并不意味着世界是虚无的，或者什么都不重要。相反，一切现象都是相互连接和相互依赖的。换句话说，没有任何现象是孤立存在的，每一个现象都是其他现象存在的条件。

从现实角度来看，"空"的理解可以释放人们对于固定观念和执着的依赖，从而帮助我们摆脱痛苦和苦恼。当我们意识到我们通常所重视的自我，以及与自我相关的一切（财富、地位、名誉等）实际上都是无常和无本质的时，我们可能会放下对它们的执着，因为它们都不重要。在相对的层面上，俗世的事物，如名利、情感等看起来可能很重要，但是实际上，这些事物并没有固定不变的本性，因此不应该对它们产生过度的执着或重视；不执着，这不是鼓励冷漠无情或不负责任，而是提倡一种"无执"的心态。理解一切的"空性"后，人们面对生活的起伏与变化时，可以保持内心的平和与宁静，不被外界的干扰所动摇。

这是一种对生活方式和认知的深刻转变，引导人们朝着更加觉醒和自由的状态。通过修行和内省，人们可以实现对"空"的直接体验，这种体验可能是超越语言和概念的。图 3-2 有助于理解这个空性。

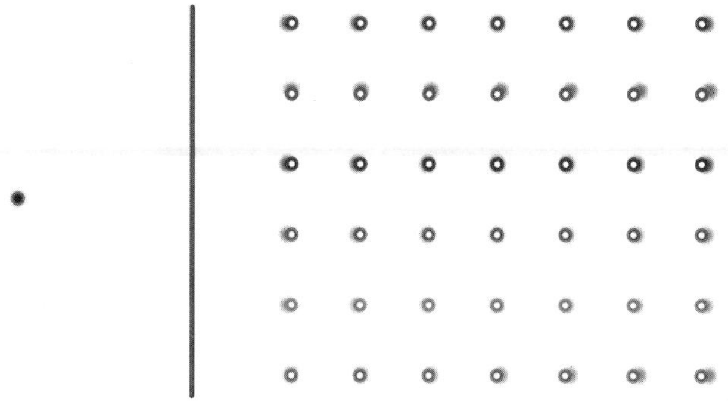

图 3-2 "空性"示意图

笔者一直以为空就是躺平，什么都不做就是空，后来发现这不是空，或者是说这不是精神上的空，只是时间上的空，只是在这个时间内自己什么也没做，什么事也没发生。而笔者现在理解的"空"是你做了事，没有浪费时间依然是空，专注于某一件事达到忘我的状态，这是精神上的空。左边的实心黑点代表你自己及你的思想，中间竖线是一堵墙，墙的右侧是空心点代表所有事物和是非等。以前是一个人与"事"隔绝，逃离，不管，因为自己在乎得失，在乎别人对你的评头论足，不管是好的一面还是坏的一面，所以"空"以为就是与"事"隔绝的状态。现在理解的"空"是你也在人群之中，没人知道你在哪，你是谁，你还是在每天正常做你自己的事并且与所有的人和事打交道，有可能在竞赛中获得荣誉，也可能遇到的事困难重重，还可能犯错后被恶言指责，甚至被冤枉蒙受耻辱等，都化作虚空随风而去。不是简单的形如物理隔离，阻止自己与这些事物的发生，是在人群中，红尘中，既不是焦点也没有隔离的状态，而是敢于与世共处但又穿心而过的境界。你只是专注于做你自己在做的事情，也不在乎外在对你的关注和对你的看法，不管身在何处，都是一个完全的专注状态，一个忘我的境界。而最终却是一切为空，什么都不重要。

有一次参加朋友的饭局，一位练习太极近二十年的前辈说太极的精髓主要就在于两点。第一就是顺势而为，饭桌上，他还为我们简单地表演了一套太极手势，帮助我们形象地理解顺势而为。他说，一般不懂武术的人打架就是对抗，你来一拳我就挡一拳，然后反击一拳。太极里面则不是，你打一拳，我躲开你出的拳，然后顺着你的出拳方向和力度顺势借力打力。第二就是松，心态以及全身肌肉放松到最佳的状态。并不是你越紧张越努力想击败对手就能取胜的，因为紧张的肌肉和紧张的情绪使你注意力集中在一个点上，就是对手的攻击手势上，而不能发现对手其他地方的弱点和空隙。一直紧绷着的弦随时会断的，所以要学会松。真是听君一席话，胜读十年书啊，听完这段话笔者恍然大悟，我们人生不也是需要这样的两点吗？我们的事业也是如此，学会顺势而为，学会松弛而不松懈。

没有（绝对的）对错

法律上强调对与错，法庭上有辩论，笔者也陷入了非黑即白的思维模式，困扰了很久。2022 年暑假，笔者跟南京的一位陆姓前辈聊天，前辈点醒了我，不是所有事情都是非黑即白的，也不是所有问题只有一个结果。很多事情有多种路径也有多种结果。法院里的法官也很难让每一个案子的双方都得到满意的结果，古人云："清官难断家务事。"很多事情即使亲耳所闻，亲眼所见也并不是你以为的事实。

有位禅师说过："向东走一里，就是向西走一里。"当我们从 A 点向东走一里到达 B 时，在 B 点向西看着 A 点，这一里正是你刚走过的一里，也等于你向西走过的一里。我们好好生活了一天，也正在失去了这一天。时间从未来流向现在，从现在流向过去，这是一个永远静止不了的时空。这是一种完全的自由，真正的自由。当某件让你感到心烦的时候，当你试图制止这种心烦的时候，或想以一种方式对抗的时候，这就意味着你正在受其困扰，走不出这个困局，越执着、越烦恼。我们并不需要花更多的时间和太多的精力化解这类烦恼，往往只需要静心即可，你会发现大部分烦恼在"好好睡一觉"之后就消失了。但静心并不意味着停止，静止的状态。烦恼事件自身就伴随着时空在那里，但身在其中想处于"静心"是困难的，而在隔绝事件时获得"静心"相对容易。当然，能身在烦恼事件其中而做到平静和静心，才是真正的自由，完全的自由。

人生列车

　　人生就像一趟列车，你的出生就是列车的起点，你的死亡就是列车的终点。人生这一路会遇上形形色色的人，列车经过每一站，都会有一些人下车，也会有另一些人会上这趟列车与你相识并陪伴一段旅程。每一段路程都会有不同的人来帮助你，让你变得更强大，更优秀，也有一些人会来消耗你，会让你身心疲惫。不管是哪些人都是这趟列车中必不可少的一部分，你无法预测也无法拒绝别人上下车。从笔者上学开始就开始有很多人上到笔者的这趟列车上，拿大学的四年来说，机缘巧合地上来几十个同班同学，又有不同班级的另一些人。在四年后的站点绝大部分人下车了，有一些在后来的几年中下车了，还有一些人在下车后过几年又上车了，可能为了工作，可能为了合作，总之，这趟列车乘载的人数是有限的。你的时间和空间是有限的，不可能让你遇到的每一个人都留在这个车厢里。从参加工作到离职跳槽，每次到新的环境中，不管这趟列车开到哪，总有人会陆续上车，也有人陆续下车。很多人都从笔者的记忆中抹去了，也有很多人成为新的朋友、新的伙伴，陪笔者走到下一站，尽管也不知道下一站在哪，对笔者来说每个人的站台不同。能陪我一路走到底的人除了家庭成员外，笔者也不能确定到底谁能陪自己走到终点站（如果正常活到平均寿命）。

说说直面生死的话题。之所以说这个话题，正因为看过身边时常发生一些意外。有人说："人的悲欢并不共通。"就是说这些事情并不是发生在自己的身上的，我们并不能感同身受。有一次笔者的姨奶奶出门出了一个小交通事故，就去医院做了检查并住院修养样两天，从病情来看，其实就是一点皮外擦伤，但还是住院修养了。一方面，是住院观察一下是否有没有发现的损伤。另一方面，是因为责任方对方保险公司出钱，所以就住下了。笔者作为晚辈，去医院看望一下姨奶奶是正常的礼节。笔者是很晚下班过去，到医院已经晚上十点多了，到医院的那一刻笔者震惊了，住院部的人很多，多到没有空余床位，走廊里临时加的床位也都住满了病人。有交通意外但伤势比较严重的病人，甚至有经过经抢救才送到住院部的病人，当然还有我们看不到的已经死亡拉走的。这一刻笔者意识到死亡原来离我们这么近，而且可以没有任何准备，仅需一个意外而已。而在住院部的人的心情大多数都是沉重的，每天都有很多交通意外，还有各种各样非正常死亡，如大型设备工厂里或建筑工地上的事故，火灾洪灾等。有些人就很意外地从你的列车上下车了，没有一声再见，也没有一点准备。从客观上讲，如果是别人的事，我们都会劝别人逝者安息。如果是自己的事，别人怎么劝都还在伤心悲情中，难以接受。从主观上讲，人很难做到悲欢共情，所以，无论这种事发生在谁身上，想要做到顺其自然，随心而去，说起来简单，做起来难。

人生意义

每个人的人生都不同，每个人来到世界的使命也不同，那么对你我又有什么样的意义？有人告诉笔者是实现自我价值（乐观派）。不断实现自我价值，实现一个再去实现另一个价值。也有人告诉笔者人生没有意义（悲观派）。可能这个答案有人不能接受，人跟其他动物没有区别，甚至活的还没有一些动物的寿命长。人生的意义仅仅跟动物一样的只是生存和繁衍？对于笔者来说都能接受，但能不能有一个处于乐观和悲观之中的折中的意义？笔者想肯定有，也无需实现所谓的价值，去创造或发现一个新的事物来丰富人类的生活需求，也不是与世隔绝仅仅为了活着和传宗接代。在前面讲过："能身在烦恼事件中，而做到平静和静心，才是真正的自由，完全的自由。"而笔者认为人生的意义则是，把实现自我的价值，当作生命中没有意义的一部分，合二为一。并不觉得实现价值有多伟大，只是一个平凡的人生。默默实现下一个不平凡的价值，却以一个平凡心态的人生意义。写本书当然也会成为笔者人生意义的一部分。合二为一是一件很难的事，要做到很静心地做好一件事，实现自我价值并不容易，要丢掉人性的欲望，要控制波动的情绪，要放弃很多很多东西。合二为一也是一件很简单的事，只要安心地、毫无杂念地做好手头的事即可，就像呼吸一样。我们活着需要呼吸，但你不会时时刻刻关注自己呼气吸气，因为呼吸是顺其自然、与生俱来的，不用刻意关注，也无需刻意加强练习呼气吸气。就像在路上开车，车在路上，方向盘在你手上，老司机都知道正视前方路况，手脚已成习惯性动作。如果你的注意力一直在手（方向盘）和脚上（油门），那么开车会变得非常危险，正常开车就是人和车的合二为一。如果把自己定位成环卫工人，每天打扫路面就是他的工作，这就是实现自我价值；如果把自己定位成工厂里的产品经理，那么做好产品就是实现自我价值；如果是市长，规划城市建设，为人民谋幸福就是在实现自我价值。但如果在其职还有其他杂念和欲望，那么就没有合二为一。

或许会有人觉得这事是不可能做到的。谁不想拥有很多财富，谁又不想有更高职位呢。当被纪委带走调查时可能就不想着高官厚禄了，到那时可能会觉得做个清官也很好。当躺在病床上奄奄一息的时候，才发现拥有的那些物质财富还换不来平安健康。可能只有到极端情况才会顿悟吧，笔者在前面也讲过"一念成佛"。一直期望去一个景点旅游，到了之后发现也就那样，或者去过两三趟之后就没有新鲜感了，但景点还是那个景点啊，并没有变化，变化的是你的想法。"一念成佛"是个神奇的体验，有些事物在你没有得到它之前，它是神秘而令人向往的，然而，当你得到它以后，它就变得平常无奇了。你会发现你希望得到的事物本身并没有变化，比方你等了三年才去的某景点旅游；你攒足了钱才买了个某大牌的包；你花了重金挤破脑袋才跟某明星吃个饭合个影；还有那些当年你拼了命也要完成的任务；等等，这些事在你获得一段时间后会发现，不过就是那些事而已，稀松平常。笔者知道自己这个年纪考虑生死的问题对于大部分人来说是无法理解的，可能个人的蜕变和觉醒改变了笔者的一些想法。别人理不理解不重要！笔者坚持自己的想法，存在即合理，你可以不接受这些事件，但笔者的确碰到过这些事。

第四章
大树法则

　　大树法则，是笔者总结的关于自己的生活和投资的生存法则。法则并不是只有这么多，也并不是都准确，更不是适用于任何人，只是笔者在这个年纪、在这个时代、这个生命周期（刚刚三十而立）的一些适用自己的法则。"树"对笔者来说有着特殊的含义，首先，就是一棵大树，这棵树有着自己的光辉岁月，一棵树从幼苗到长成参天大树，需要时间。其次，"树"有树立的意思，我们要给自己树立一个标准，树立一个信念。最后，不同于"大数法则"，大数法则，也称大数定律，是一种描述当试验次数很大时所呈现的概率性质的定律。这个法则更强调的是在数量很多次的实验下会得到想要的结果，这个结果具有概率性和随机性。笔者说的大树法则是我们的生活和工作最终要成为一棵大树。没有概率也没有随机。就是一个简单的生活和工作状态。

终成一棵树，自有凤凰落

通过时间的考验和沉淀，幼苗经历风吹雨打最终成为一棵壮实的大树。做一棵大树，这个"大"不是形式上表面上的大，并不是指的尺寸，而是内在的，是年龄上的大带来的价值，对后期的影响是非常大的。当一棵小树经历过几十年几百年甚至上千年的风吹雨打，还能够屹立不倒地生长在那里，它不一定非常高，但一定很粗大，一圈一圈的年轮既是岁月也是经历。

我们经常会在著名景区里看见一些有着几百年历史的老树，一棵树长这么大，自然会有各种鸟飞来栖息筑巢，甚至还会迎来"火凤凰"。至于能不能吸引火凤凰，就要看这棵树有多大的吸引力了，当然，大树的成长并不是为了吸引火凤凰，不管有没有火凤凰它依然在那生长。

举一个很形象的例子，足球明星C罗和梅西不是一出生就会踢球，也不是一进足球俱乐部就开始赢比赛的。而是一直踢，一直踢，一直很自律地训练，一直踢到快退役了，职业球赛的生涯快到尽头了，才获如今成就。即使没有"足球先生""大力神杯"等奖项，相信他们依然还在那里踢，退役了还是在踢。任何一个体育竞技类的大满贯，都需要经历很多年的训练和参赛，一次次比赛，甚至一次次的失败，才能换取最后的大满贯。只有当你成为那棵大树（C罗、梅西）时，火凤凰（足球先生、大力神杯等荣誉）才会自然飞来，而不是等火凤凰来了，再成为那棵大树，这就本末倒置了。这又应验了那句话："不是你选择成功而努力，还是成功选择了努力的你。"

当你成为一棵大树时，就能抵抗狂风暴雨的风险，而一些小树经历一次狂风暴雨就折断了。每年夏天南方沿海地区都会经历台风，也都会见到一些树木被台风连根拔起，被连根拔起的树木都是经受不住台风的风险的，能承受住台风考验的要么是地理位置比较好（背风的有利位置、被保护得较好），要么是在这块土地里生长时间很长扎根很牢，所谓强者（在一个行业专业研究越深，也是一样）。而我们普遍发现长得越高的树，树梢越容易被狂风折断，所以一般有几百年历史的老树大多都不算高，避免了被折断的风险。

做一棵对未来有影响力的大树，这个影响力对未来极其重要，这是一个信心比黄金重要的底气，对未来起到榜样和参照的作用。上面说到，生长成为一棵大树，能吸引到火凤凰，当然吸引火凤凰不是目的，而是已经成长为一棵大树时是被火凤凰选择的结果，即使没有火凤凰，也要生长成为一棵大树，可能火凤凰来了的辉煌以及荣誉你此生无缘，但是给你的同族树立了一个强有力的标杆，这个标杆会刻在同族的基因里。如果你的祖先曾经在历史上是一位有头衔的名人，那么你大概率会引以为傲，也会有一种他能做到我通过努力一定也可以做到的想法。毕竟现在的时代进步了，条件比当初好了很多。这种榜样的影响在你的潜意识里就会种下了一粒种子，这粒种子就可以视为同族的基因遗传。哪怕不是嫡系的同族，是同村、同乡，只要你意识觉醒，找到自己心中可以参照的那棵大树，努力成长，就够了，至于你的这棵树能长多大多高就不重要了。

有人喜欢看电视打发时间，笔者从来不喜欢看电视剧，可能是因为小时候家里穷，买不起电视机，直到2000年十岁生日时，家里才买了台黑白电视机。那时候都流行小霸王学习机，可以打游戏的那种，那时都沉迷游戏，记得笔者特别喜欢玩魂斗罗和超级玛丽。但是好景不长，因为玩游戏学习成绩直线下降，春节爸妈从外地打工回来后发现笔者成绩太差，知道原因后，春节过后再外出打工时就把电视机带走了，此后家里就没有电视机了。笔者也就偶尔会去同学家看看电视，这就是从小就没有养成看电视习惯的原因。在学校也经常听同学讲起电视剧以及动画片，当时可羡慕了……

有人喜欢凑合热闹，哪里人多就往哪里去，笔者是不太喜欢凑热闹的。比如，路边围着一群人，有些人就很好奇，凑上去一探究竟，结果越看越有劲，甚至把自己要忙的事给耽误了。有人就是看一看，看一会就走了，而笔者就根本不会去看，管他们在干麻，与我何干？

有一次，老家朋友来上海玩，笔者带着他们去一个网红烧烤店吃夜宵。吃了一会，隔壁两桌两拨人喝酒起了点小摩擦，可能因为是网红店，人比较多，座位比较拥挤，互相碰到了，又因为酒精上头了开始互相骂架了。笔者说赶紧吃，吃完赶紧离开这里，但还没吃完，那边的火药味浓了，开始摔酒瓶子了，我们就赶紧离开了那里。第二天晚上我们又去了，因为确实好吃，店长认出我们了，说："昨天你们是第一桌'跑'的人。"笔者笑了笑问："那后来结果如何？"那店长一脸无辜说道："哎，后来打起来了，我还因为拉架挨了几拳，后来警察来了，我们都被带到派出所做笔录，早上六点我才回来，那个喝多了先动手打人的一桌，不仅赔了对方钱，还拘留了15天。"这事其实笔者那天离开后在回家的路上就跟朋友分析过了，到最后要么私了赔钱，要么拘留，伤势严重还有可能犯故意伤害罪入刑。这种情况，设想一下，如果我们还在现场，会有什么后果？

一种情况是一直旁观到底，即使不伸手帮忙，也会去派出所做一份笔录，至少也要浪费几个小时时间；另一种情况，就是伸手了，跟店长一样难免要挨几拳打，最后还要去做一份笔录，浪费一晚时间；还有一种意外情况，就是我们没有伸手，但被他们砸酒瓶、摔酒杯误伤到；还有一种极端情况，就是你目睹了比较血腥的暴力现场，可能会给你造成一辈子挥之不去的心理阴影。

这几种情况没有一种是有利于自己的，至少都要浪费几个小时做笔录。要知道，这个事情对你来说毫无意义，这种毫无意义的帮忙，笔者不建议。碰到这种情况，如果你不及时离开，第二天重要的事情就会被耽误了。有些人就是"好奇害死猫"，意识不到这旁观的行为其实带有一些意外的风险,一旦你的气愤情绪上来,你卷入其中,那么后果不堪设想。这些琐事在笔者看来都是内耗,如果你把自己的时间和精力都放在这里,你将一事无成。

树叶每年都会成为落叶,一年四季更替为一个周期,从枝繁叶茂到落叶归根。春天枝叶茂盛很有生机,树根带来的营养通过树干、树枝传到了树叶;夏天开花结果,普通的树是没有花和果实的;秋天来了,树叶纷纷落下;冬天,光秃秃的树枝失去了绿叶的装饰略显深沉。自然规律不可逆转……年复一年,树叶春绿秋黄始终在交替,唯一不变的是树干在变粗变高,因为它正在成长。树干变粗变高正是因为树根紧紧抓地扎根吸收养分。树叶每年都会重新生长,但树枝树干要是断了,没了,树叶就不会再有了。在我们生活和工作中,刷抖音、看短视频、看电影、追电视剧、发朋友圈,这些都属于树叶。今天最火的,到了明天也会过时,就像现在还能依稀记得曾经火过一时的各色各样的,红遍大江南北的流行歌曲;小时候赶时髦要穿的阔腿牛仔裤;还有红极一时的影视剧;等等。有些在生活中是逃不过去的,因为太火了就被迫了解了,因为身边的每一个人都在聊这事,即使你不花时间深挖了解,身边的朋友也会你一句他一句地聊到你熟悉此事。笔者想说的是,这些都属于树叶,歌曲、服装、影视等,每年都会有新款、新品。我们不用花太多时间去看、去了解,因为花了时间去了解,到明年这些事会被新的事物所代替，而你曾经花的时间就浪费了，与其浪费时间，不如真正把时间花在该花的地方。

每个人的生活和工作情况都不尽相同，笔者的工作是证券投资行业。股市里面，每天都有涨停的股票，你天天关注涨停的股票，但每天涨停的都是不一样的，你看好的某一个行业某一只股票，结果你没跟上，天天追太累了。但只要你自己准备好了，股票市场里的机会多的是，也不需要你天天追着涨停的股票。那些都是树叶，没必要天天跟着市场的热点追来追去，除非你拥有大量的资金能启动涨停行情，不然你的命运就是交给市场了，追热点存在极大的风险。

精力别浪费在树叶上

笔者在三十岁这一年开始思考生命的意义，因为这一年有两个重大事件刺激了神经系统，使自己不得不停下手中所有的事情思考。一个是全球疫情暴发，感染了新型冠状病毒离开这个世界的人数有几万。如果是我们或者我们的家人也被传染了这个病毒会怎么办？第二个是因为这一年笔者有了女儿，开始思考该如何培养女儿：是赚足够的钱和资产给她传承？还是给予一个舒适温馨的家来培养她的人格、性格？而笔者又有什么能力给予这些？这让自己对金钱和资产财富重新定位、重新思考。因为众多原因，笔者在 2021—2023 年整整三年时间没有工作，也没有挣钱，放空自己，平静自己的内心，寻找自己的初心。

在这之前，笔者每周或者每个月都要跟朋友聚餐唱歌，可能会结交几个新朋友，然后接着会跟新朋友聚餐唱歌；会经常组织几个朋友周末打牌，喝酒；也会约几个朋友一起到娱乐场所玩上一整天。当时告诉自己这些叫应酬，做事业的男人不得不应酬。不应酬就做不好事业，做不好事业就赚不到钱，现在看来好荒谬的逻辑。在新闻媒体上看到抖音的张一鸣从来不喝酒应酬，惊讶了，想象中这些大佬不是应该每天忙着社交应酬吗？或者我们看到一些靠应酬喝酒就能赚到钱的案例比较吸引我们。后来发现只要你有核心竞争力就可以把企业做大，跟应酬无关。当时间一天天、一年年过去，现在回过头想想很多事情都很无聊，都在浪费时间。

很多时候我们都在用无聊的方式填补无聊的时间，告诉自己今天我没那么无聊。一个无聊的人做着无聊的事就是为了体现自己不无聊，不是吗？比如，今天有点无聊，我们去看电影吧；今天有点无聊，我们去郊外公园玩会吧；今天有点无聊，我们去KTV唱歌吧；今天有点无聊，我们去体育场踢球吧；今天有点无聊，我们去剧院看场音乐剧吧；今天有点无聊，我们去咖啡店喝杯咖啡吧。感觉到无聊的原因是自己是盲目的，没有目标的，或者说是目标不明确的。自己感到迷茫的，不知道自己应该做什么的，所以要这些无聊的事来充实自己的生活。当然我们不是神，我们不可能每天或每个阶段都有目标。这些

"无聊的事"当然是我们生活的一部分，我们需要这些来丰富我们的生活。这些无聊就像大树的树叶一样，很多，琳琅满目，也很吸引我们，因为很多显得无聊的事会让你感到快乐、兴奋、开心。但是一天过去了，这个无聊的事情也过去了，就像一片落叶一样，对于大树来讲这片叶子就不复存在了。一天天过去，一片片叶子落了，就像一年四季里的叶子，春天出芽、夏天叶茂、秋天泛黄、冬天叶落——一年一轮回，一年一个周期。

这些无聊的事对笔者来说要适当减少，减少一些无聊的欲望，砍掉"多余的树枝"。让那些内耗统统过去吧，没有什么是一定要经历的，也没有什么是过不去的，多余的树枝不仅吸收了树根上的养分，还占用着多余的空间，阻止了其他树枝正常生长。在生活和工作中有很多这样多余的树枝，当然每个人的标准不一样，每个人的目标也不一样，笔者不会以自己的标准来衡量其他人，其他人的标准也不一定适合笔者，我们可能会互相影响，但笔者想修正自己目标和标准。

对于大树来讲，一味追求这片叶子有多大有多亮艳好像就有点得不偿失了，因为叶子再好看，再耀眼可到了秋冬一样会掉，并且每年都会落。所有的无聊的事你突然会觉得真的很无聊，并且都不重要，可以不参与。昨天的聚餐唱歌真的有意义吗？昨天去看的电影真的有意义吗？有，或许没有，或许不是每次都有意义。因为失去几片树叶对大树来说毫无影响，哪怕所有的树叶在冬天都掉光了，对一棵树来说也毫无影响。笔者偶尔会把一年中所经历的所有的事情跟大树的一年做比较分析：大树的一年比较简单，前面也说了，春天出芽，夏天叶茂，秋天泛黄，冬天叶落，一年一个周期，第二年重复上一年的轮回。而自己的一年时间所经历的事情好像也差不多，每天早出晚归上班，每周、每月的聚餐应酬，看电影、喝咖啡等，第二年基本上还是在重复上一年的事情。大树在一年年地生长，自己好像也在一年年地成长，但自己真的在成长吗？是不是只看了表面？自己是不是只长了年龄却没有长智慧？所以笔者想长智慧，长智慧是看不到的，就像大树的树根一样，你不知道树根在地下扎了多深，但它依然每年在一点点往下扎根。我们自己也要慢慢扎根，这才是前面说的核心竞争力。

或许每个人在这个世界的角色定位不一样，可能一些人的定位就是做一片绿叶，这些人或许自己定位成只要过好这片叶子的一生就好了。总之，要做一个适合自己的，让自己最舒服的自我。世界是多彩的，需要各式各样的存在。

砍去不必要的树枝

"将军赶路不追小兔。"在你宏大目标没有完成之前不要被眼前小的诱惑所吸引，这将影响整个计划，要么时间被耽误，要么原计划因此而改变。远离无效社交，远离在赛道上给你制造障碍的人。当你遇到小人时，不要记恨，不要发生矛盾冲突。

你要有同理心，你要理解对方，甚至要感恩，感恩他使你强大。因为他从对立面在帮助你成长，让你知道风险和怎么解决困难。好的人际关系才会让你感到幸福。

笔者也经常跟身边的朋友说我们要做一棵树，一棵参天大树。要想做参天大树，就要有像树一样的经历，首先得把树根扎牢。选择一块肥沃的土壤，种下一粒种子，然后慢慢长。不能急不能揠苗助长，也不能长偏树干。这几年几十年几百年的精力精华都得给主树干，不能因为花美艳绝伦就把精力倾注给花，也不能因为绿叶繁茂而把精华全部给树叶。这样不仅长得慢，而且得不偿失，因为树叶每年都会长、花每年都会开，春来秋落年年如此。但过多地把精力养分都给了绿叶和花，主树干成长就会变慢，要把精华养分都放在主树干上，这样日复一日年复一年终成一棵参天大树。我们人生也因如此，做好我们自身的主专业。不管是大学专修的还是半路出家的，只要锁定自己想要做的事，就把这件事列为树干。此后就在这行业深耕细作，精益求精，年复一年，到最后才能成为资深专家。当然，这个过程会枯燥乏味，时不时会有一些诱惑吸引你偏离轨道，但这会让你浪费大量时间。可能会导致你晚几年才能达到既定目标，也有很多"树叶"会耽误你很多时间。比如很火的电视剧，以前的同事、同学，家庭琐事等。可能每天、每周、每月都有很多无效的事情浪费过多的精力，就像树叶一样每年都会长。电视剧每年也会更新，同学也会迭代，因为有了新同事、新同学。这样日复一日、年复一年地努力,最终也会成为一个行业的资深专家。当然我们做企业也是如此,主要精力要放在主营产品上,在产品研发、创新和扩产上做自己最擅长的事。

笔者在大学时代学钢琴,钢琴老师经常提醒我们:一天不练琴自己知道,两天不练琴老师知道,三天不练琴台下的观众就知道了,所以学习要持之以恒。在学习这条道路上我们一直有很大的阻力,一部分来自身边的朋友,他们会问你,"又用不到,学这干麻?"另一部分来自自己缺乏学习的动力和毅力;还有一部分来自身边的诱惑太多,花费自己很多时间和精力。总之,为自己不学习可以找到很多理由和借口,但促使你学习的理由其实往往是单一的。如果你身边的朋友告诉你,"你又用不到这,不用学了",那么请远离这种朋友。因为不管你做哪一行、做什么工作,所有的学习都会用得到,有些是直接影响、有些是间接影响。例如,同样有俩人A和B都是金融专业毕业的大学生,前来公司应聘,公司只招一人。A在攻读金融专业的同时还自学兼修了法律,B只是金融专业毕业。如果你是公司招聘专员,你会录用谁?毫无疑问会录用A。这时你会发现多学一门专业还是很有用的。虽然还没用到法律知识,但在工作时你会自然而然地用法律思维工作。你以为多学一门学科没有用,但实践告诉我们在生活方方面面,你所学的每门学科都起作用,只是你自己看不见而已,或者不是那么的明显。只要你学了这门学科,就一定会改变或者说是修正你的思维。

其实，笔者在系统学习专业学科的时候，有个扭转态度的感受，就是原来学习这么简单。原因是这样的，其实很多专业名词自己在学习第一遍时是听不懂的。然后就学了第二遍，第三遍……白天上课，晚上做题。笔者参加证券从业人员资格考试，主要学习的合计有八大门类，三天一门，一门课程上完中间有一天或半天的自习时间。这样8门一个月基本就是填鸭式地学了一遍。这样你会发现好像不难，难就再学一遍，再难就再学一遍，直到学会。所以很简单，简单地重复，简单地坚持重复，难的是改变自己的心态，难的是不找任何借口的坚持。这段单纯的学习经历可能是笔者毕业近十年来最幸福的几个月。早中晚都在大学食堂，晚上也是住的大学宿舍。这半年几乎回归到大学时光的生活，没有工作，也没有赚钱的欲望，没有应酬，也没有压力和束缚，只有求知的渴望。

当你又学会一门技术的时候，你的树干又多了一道年轮。学习本身就不能急于求成，慢慢扎好根，树干才能慢慢长粗长高。当你的时间花在了哪里，收获就在哪里。

很多事情都是经历千辛万苦，经历很多是非最终才会知道什么是简单的道理。简单是相对于复杂而言的，没有对比怎么知道什么是所谓简单呢？所以我们一定是经历了很多事、很多样本才总结出何谓简单。前面提到的"得道者"，也就是这个意思。一开始得道前吃着饭还想着砍柴，得道后吃饭只是吃饭，砍柴只是砍柴，由繁杂变得简单，其实做的还是那一件事。古人云：

"四十不惑,半百知天命。""择一城终老,选一人白首。"择一城的前提是游历过百城千城。"择一城终老、选一人白首"当然也要在人生阅历中万里挑一。如果说从小到大都在这座小县城,从未走出这个县城,这不是择一城终老、因为根本没有选择,可能唯一的选择就是这座城市。但现在的社会相信大家都有旅游的经历,都去过很多地方、很多城市;互联网发达的今天,即使没去过也有所耳闻。我们可以选择适合自己的一座城去生活,选择一个人与自己在这座城市"白首"。

首先,我们必须承认,面对困难有畏难情绪是人之常情。不论是个人的前途、事业的发展,还是世界的变化,都充满了不确定性。其次,困难本身并非问题,问题在于我们如何面对它。面对困难,我们有两种选择:一是被困难所束缚,停滞不前;二是接受困难的存在,但不被其左右,勇敢地迈出步伐把困难解决,在下一次碰到类似的困难时即可迎刃而解,而我们的树干似乎又多了一道年轮。最后,在这个快速变化的时代,面对未知的将来,我们常常感到恐惧和不安。但是,真正的勇者不是那些无所畏惧的人,而是那些即便碰到困难,也敢于面对、敢于前行的人。

选一片净土扎好树根

树根要扎牢,扎深。就要选择好适宜的土壤环境,适当灌溉，砍掉不必要的树枝。

男怕选错行，女怕嫁错郎。看似选择大于努力，其实选择的是环境，好的环境更有利于成长。同样一粒种子，把它种在了荒无人烟的戈壁，或者把它种在生机盎然的原始森林，哪个存活率高呢？哪个又能毫不费力地长成枝繁叶茂的参天大树呢？答案是显然的。环境固然重要，因为我们每天都生活在某一个特定的环境中，每天早晨起床、刷牙、洗脸、吃早饭、上班去，下班后回家吃晚饭，每一个碎片的瞬间组成我们生活的这一天。我们一天天的生活组成了一年，这一年年又组成一生。时间拉长，我们可能在复制某一个人的生活，尤其在大山深处的农村里。记得在湖南上大学时，同班同学里面有个是湘西的。湘西比较有名的景点是凤凰古城，坐落于湘西凤凰县，笔者有同学就是凤凰县下面的一个村里，那里都是连绵不绝的大山。笔者第一次感受大山里的生活就是 2010 年，这一年我们几个同学去凤凰古城玩，然后去同学家一起做晚饭并睡在他家。我们从县城坐车到下面的村庄，一路左拐右拐上坡下坡，经历 2 个小时终于到达了村庄的山脚下，车开到路的尽头了，无法再往前开了。因为同学家在山顶上，通往山顶的路是一块块石板铺成的台阶，我们只能步行爬上去，虽然很累，但我们还是很开心。因为其他同学包括笔者都是一直生活在平原地区，很少有爬山的经历。到了同学的家，家里有爷爷、奶奶，已经 80 多岁了，湘西是少数民族地区，爷爷奶奶只会讲苗语。同学也是苗族，在家里只讲苗语，山顶上几户人家都是同学的亲戚。不过爸妈都外出打工了，只有爷爷奶奶辈分的老人在家里，家里几乎什么都没有，唯一的一个电器是白炽灯。我们几个同学依然很开心地包饺子、做菜，然后一起吃晚饭。在沿海城市的家庭，如家在江苏或者浙江的农村里，家里一般都有电视机、洗衣机、冰箱之类的家用电器，哪怕是二手的或者是便宜的。江浙沪的朋友们一般都喜欢出国旅游，或者去一些"奢华"的城市景区旅游，住国内比较好的星级酒店，很少有人愿意带着家属孩子出去见见偏远农村，或者说是没有这样的机会吧。后面我们毕业大概10年左右，一位同学来上海出差，我们见面聊了一会，他后面考了研究生，在大学里做老师。这个同学是我们班最努力的，也是我最钦佩的同学，他大学期间每天6点必定起床学习，基本不会把时间浪费在玩上面。可能他自己很清楚，只有知识才能改变他的命运。笔者跟他比起来还是懒惰的，比如冬天赖床，逃课等。当然正是曾经身边有这样优秀的同学，再不努力就不好意思了，这也鞭策自己努力一把，时不时地照照镜子，知道自己不如别人，但也不能放弃。好的环境可以让人变得更好，坏的环境也可以让人变得更坏。我们在大学读书时，就在我们宿舍隔壁另一个班有几个同学，大学四年几乎都在一起打麻将，打牌，一起组队打游戏，挂科也是常事，比的是挂科门数。当然这也是一种大学生活，没有好坏之分，只是现在觉得不太适合自己了，不敢想象，如果自己也在这个宿舍环境下会变得怎样。

选择证券投资行业,就要选择在一线城市。因为这里不仅人才济济,可以互相学习,市场资金也多,很多企业的总部也是放在一线城市。在这样的市场环境下,只要个人能力突出,大概率还是能创造个人价值的。

一粒有梦想的种子,种在有梦想的地方,经过风吹雨打的磨炼,终成参天大树。

沿着既定的路径成长

大部分人的一生是沿着某个岗位职级一路往上走的过程。比如一个刚毕业考上公务员的大学生,从基层做起一步一步、一年一年做到科长,主任,副局级,厅级等。可能他会止步于某个级别,但很少有往下掉级别的可能。比如,国企券商的体制内,从一开始营业部经理到总监,再到副总经理、总经理,后面可能发展到市分公司、省分公司、直到总部这个级别然后等退休。还有就是财务专员、出纳、财务总监到企业的总裁等。这些路径可能是一个人大学毕业开始工作30年的发展轨迹。一个人一旦选择晋升制度,他就没什么时间考虑其他事情了,因为所有时间都被工作支配了。就像《生肖克的救赎》里的一句台词:"这些围墙很有趣的,一开始你恨他,然后开始适应它了,接着你就离不开它了。这就是说被体制化了。"

在这个行业里做了 5 年或者 3 年后，很少有人愿意离开。一方面是工作经验的要求，另一方面则是刚刚前面所讲的"被体制化"了。

在工作方面，很少有人愿意被体制化，但实际上大部分人都被体制化了，而再进一步说我们从一出生其实就"被体制化了"。如果你出生在南方，比如深圳，你的语言系统是粤语或普通话，饮食是粤菜系。如果你出生在北方，比如东北，那么你就是东北口音，饮食也是东北菜系，等各方面都会被身边的环境体制化了。好的环境能让你事半功倍，你如果到西藏做小商品批发，那可能不是很好的选择，因为大家都知道要到浙江义乌去批发。

从小很喜欢看电视剧《西游记》。关于这部带有神话色彩的电视剧，有很多名人都对其有过解读，其中比较喜欢的是著名导演宁浩的观点："每个人的人生就像孙悟空一样都是被规范的过程。所有受到惩罚的原因都是因为狂妄自大。"我们从小到大，眼界越来越宽，见识的形形色色的人，是是非非的事。从开始学走路，学说话到上小学，上中学，上大学直至现在，每个阶段都会有人教你怎么与人为善，教你怎么遵守纪律。如果做不好，就会受到一些惩罚，这些被规范的过程就像"体制化"一样"驯化"。可以说从一出生就基本定格在这个体制下了，因为要接受这个体制下的学校教育和社会教育。从小家庭关系里的爸爸妈妈爷爷奶奶等人教你在这个社会（体制下）如何说话，如何做事，如何做人。整体的环境就是这样的，再想改变思想是很难的。

笔者一直在想"悟空"为什么叫"悟空"？"悟能"为什么叫"悟能"？"悟净"为什么叫"悟净"？

"悟空"这名字是怎么来的？是他的师傅，菩提老祖希望悟空可以明心见性。原本无父无母无名的石猴，在菩提祖师的教导下，学会了各种技艺。佛经里面的"悟"是理解和觉醒的意思。"悟空"代表皈依佛，即理解佛教真谛，认知一切皆为空无实体的觉悟。孙悟空又叫孙行者，行者，在佛教里一般指行脚乞食的苦行僧人，也指行路人，泛指修行佛道之人。一路在打怪，还一路被教训，就是在一路修行。"悟能"象征着皈依法，即能够控制和戒除贪嗔痴等妄念的能力。"悟净"则表示皈依僧，即远离烦恼和杂念，保持内心的纯净和平静。沙悟净也叫沙僧，唐僧也是僧，首尾相连。就像宁浩说的那句话一样，孙悟空所有受到的惩罚都是因为自我的狂妄自大，在这个过程中体会悟道。悟能有八戒，戒色，戒偷，戒杀等，在这个过程中学会自我满足。而悟净才是我们生活中最好的状态，默默付出，勤勤恳恳，与世无争。在复杂的社会中，做一个纯净而简单的人，内心从容而平静。

小时候看《西游记》，笔者最喜欢的是悟空，现在反而更喜欢和向往与世无争的悟净。其实，我们的人生确实像宁浩说的一样，是一个被规范的过程，我们30岁之前，出生、会爬、会走、上学、毕业,这二十多年一路跌跌撞撞的成长,也算是一路降妖伏魔了。不断在困境中寻求帮助,并且还有接受失败的结果,而后就学会了满足。不是什么活都能干的,也不是什么钱都赚的,渐渐地学会找到自我,在自己的世界中默默付出,并不奢求回报。

假设你坐地铁上班,一个车厢里所有的人都在认真看着手机,而另一个车厢里所有的人在看着手里的报纸。那么,你可能会在看手机的车厢里看手机,在看报纸的车厢里看报纸。如果你在看手机的车厢里看报纸或者在看报纸的车厢里看手机,可能连自己都会觉得自己与环境里格格不入。这个心理状态在心理学上叫"羊群效应",这是在一定的环境里促使你做一样的行为。

远离身边那些内耗的人,他总是带有负面情绪,总是抱怨。这些朋友保持悲观情绪,一时悲观可以,一直悲观不行,因为在悲观情绪中很难找到机会和希望。悲观的人合适做风控,他可以处处提示你这不能做,有风险;那也不能做,有危害;这事做了也没什么意义;那事做了还不如不做,眼里处处是悲观,是消极。这样的环境不利于自己找到正确的机会,我们需要积极乐观的情绪。

总是爱抬杠的杠精,就是那些你一说话,就在你话里找碴的人,不能说这些人不好,因为有些时候确实能指出你的错误。但若是一直这样,你的话题就不能继续,你的思绪总是会被他打断，甚至你话还没说完，没说完整，他就会在话里找碴，当你完整地把话讲完时其实是没有漏洞的，这些朋友是没有耐心听完的。

总是在你面前说别人不好的人。那些在别人背后说别人不好的人，自己也没好到哪里去。如果他说的事情是事实或人家真是对他不那么友好，有一个、两个是这样的很正常，总会遇见一些不正常的事情和人的。但如果大多数都是对他不友好，就是他自己的问题了，要不然哪有那么多人对他不好呢？

总是把错误怪在别人身上的人。有些人只要发现什么问题，总是把责任推在对方身上，不在自己身上找原因。一遇到问题就会在第一时间推卸责任，是极度自私的表现，是没有担当的表现。笔者不是鼓励别人去承担全部的责任，而是想说一个巴掌拍不响，各方面都会或多或少有责任，只是责任划分比例的区别。另一方面，是这个人考虑问题过于主观，思考问题不够客观，不够客观就是思考问题不够全面。

我们都会有攀比和炫耀的心理。比如有人喜欢买豪车、名表来显示自己实力；有人喜欢穿名牌服饰、背名牌包来包装自己，而忽略了内在美，内涵才是真正的实力。往往你越显示什么就代表越缺什么。开心麻花的沈腾曾在采访中说：当你真的帅而对方说你丑的时候，你根本就不在乎，不会往心里去，因为你知道他在开玩笑。而你如果真的丑，别人说你丑，你会很难受会，因为真的会往心里去。而交易场所内，这些华而不实根本就行不通，不是你有钱就代表你有真正的交易实力，也不是一天的涨停板就能代表你的操盘实力。所以，有钱的人是不会把财富都显示出来的，一般都很平凡、很低调。而看似有钱的人才会显示出有钱的样子，这样的人你说他穷他会向你证明：我不穷我有房有车等。而真有钱的人你说他穷他根本就不会往心里去，不在乎，一笑而过，甚至会告诉你他确实是有点穷。

想去了解一个人、一家企业、一件事，就必须亲自走访、调研、体会，千万别总是听别人讲，别人讲的是带有他主观的思维和臆断。人与人之间的交往是有差别的，你可以保证自己对待别人无差别，但别人你保证不了，比如我（王大）和张三、李四、赵五四个人是朋友，而且是同事关系。我对张三比较信任，会跟他讲一些我认为重要的事，私下也会送一些礼品；但对李四只是讲一些场面上的话；而赵五平时除了工作上的事情以外很少有沟通，曾因工作原因发生过一次矛盾。这时有个新同事王二进公司了，李四对王二讲：王大为人一般；张三对王二讲：王大这个人很靠谱，是个很值得信任的朋友；赵五也跟王二讲：王大这个人工作能力不太行，为人处事也不太行。这时王二该听谁的意见呢？谁的都不听，因为人跟人之间都是独立的关系，我（王大）对三个同事不同的态度，取决于我平时工作和交流过程中得出的综合的结果，我对张三好，但对你不一定好，我对赵五不好，但对你也不一定不好。而我（王大）和你（王二）之间需要时间和交往过后才有关系远近和好坏的结论，并且这个结论也只是阶段性的和暂时性的。因为当下不代表未来，今年送礼给你就代表明年一定还送礼给你吗？当你去了解一个人时，最好的方法就是与他一起共事，一起共度一段时光，在这段时间内做更深入的了解，而不是轻信他人。这就和相亲差不多，如果男方仅仅是听媒婆说女方是多么善良、多么漂亮，连面都没见就结婚了，想想这事是多么的荒唐！如果你要投资一家企业，你就要去了解这家企业。如果光是听别人讲，在网上查资料，而不是去实地考察，去调研公司内部的财务和研报，那么和男方没有见过女方就听媒婆讲有什么区别？这是一样的荒唐。

所以，在别人背后讲人家不好的，其实是可以忽略的，因为他跟你讲别人不好只是他的个人看法，不代表大多数人都认为他不好，也不代表那个人真的不好。此外，不排除他有一己私利的可能性，他讲别人不好，只是希望你跟他玩，不希望你跟别人玩。还有一种作恶的可能性，就是他不希望别人过得比他好，而恶意诋毁他人。总之，听人讲别人好不好，并不可取，这会影响到你对别人的判断，你应该自己花点时间去与人相处并深入了解此人，了解完你会有一个自己的答案，这个答案与他人无关，因为人与人之间的关系是独立的。

这是你的成长环境，你需要自己清理周边的"树枝"。把那些内耗你的事统统放下吧，没有什么事是放不下的。在生活和工作中有很多这样多余的树枝，多余的树枝不仅也吸收了树根上的养分，还很占空间，阻止了其他树枝正常生长，必须及早砍掉多余的树枝。

在树木的成长过程中，砍掉不必要的树枝是至关重要的。这样做不仅能够促使树木茁壮成长，而且能使其形态更加美观。在我们的生活中，去除那些不必要的"树枝"，可以帮助我们更好地成长，成为更好的自己，当然每个人的标准可能不一样。

砍掉不必要的树枝，这不仅仅是为了维持树形，更重要的是为了保持树木的健康。适时地除去病弱枝、交错枝、过密枝等，可以减少病虫害的发生；提高光照和通风效果；促进树木的新生长；保证果实质量和数量；也会刺激新枝的生长；让树木更加茁壮。

延伸到我们的生活和职业发展中也同样适用。在不断忙碌的日常中，我们往往会形成许多习惯和处事风格，而这其中有一些可能并不必要，甚至会拖我们的后腿。它们可能是一些无意义的活动，消耗我们的时间和精力，却没有为我们带来任何积极的效果；可能是一些消极的思维模式，使我们故步自封，难以接受新事物；也有可能是人际关系中无益的纽带，让我们陷入负能量的循环之中。进行自我修剪，意味着我们需要不断自我反省，识别和剔除那些阻碍我们进步的想法和行为。这可能涉及改掉一些坏习惯，比如拖延、消极等；减少浪费时间的活动，如无意义的冲浪、刷手机；避免消极的社交互动。我们要学会说"不！"，避免自己浸没在不必要的议题和活动中，以便腾出空间来追求那些真正重要的目标。

与此同时，我们也应该注意社交关系的"修剪"。人际交往可以带来支持和温暖，但是有些关系如同毒药，断绝这种联系可能是最佳选择。一些积极的关系，如导师、良师益友等，则应当加以培养，因为它们能帮助我们成长，推动我们向理想的方向前进。

砍掉生活中不必要的"树枝"，是一个持续的过程，它需要我们有鉴别能力，也需要勇气和决心。正如园丁修剪树枝以促进树木的良好成长，我们通过自我修剪，也能够帮助自己更健康、更快乐、更高效地成长。

近几年笔者一直在思考生命的意义，有些人因为新冠病毒而丧生；也有很多人因为生意失败而破产，甚至妻离子散。我们很多时候做不到感同身受。笔者身边有一位开影院的朋友，2020年年底到2023年年初整整3年多一点，影院生意是一天不如一天。大型聚集性场所不能开张、影片资源少、消费者不能聚集等很多综合因素加在一起，这三年每年都亏钱，压力很大，夫妻因此而离婚。遥想三年前，能开几家影院的老板，走到哪都是一副趾高气扬的样子，可是，现在有些人还背负着沉重的债务。

在经济下行周期中，各行各业都在下跌趋势中，大势所趋，你还会觉得自己的能力有多重要吗？如果站在上苍的视角，我们可能跟水里的鱼、草原上的马、家里养的鸡没有区别，都一样地从出生到死亡，每天吃饭睡觉。这一刻人可能只是普普通通的一个动物罢了。当我们放下一切的时候，会过得十分轻松。该看书就看书，该上班按时上班，不会认为你比我有富有就高人一等，也不会因为对方官大就去巴结对方。人外有人，山外有山，一切都是平等的。没有分别心，没有身份标签，把一切看淡，名和利显得都不重要。每个人在这个世界的角色定位不一样，可能一些人的定位就是做一片绿叶，这些人或许认为只要过好这片叶子的这一生就够了。过一个适合自己的，让自己最舒服的一生。但笔者始终相信，终成一棵树，自有凤凰落。

第五章
投资就像跑马拉松：
耐力、策略与目标导向

美国著名心理学家米哈里·契克森米哈赖出版了著作《心流》，他介绍心流即一个人完全沉浸在某种活动当中，无视其他事物存在的状态。这种体验本身带来莫大的喜悦，使人愿意付出巨大的代价。构成心流体验的要素主要有8项：（1）这种体验出现在我们面临一份可以完成的工作（事情）时；（2）我们必须能够全神贯注于这件事情；（3）这个事情有明确的目标；（4）这项事情有即时的反馈；（5）我们能深入而毫不牵强地投入到行动当中，日常生活的忧虑和沮丧烦恼都会因此一扫而空；（6）充满乐趣的体验使人觉得能自由控制自己的行动；（7）进入忘我的状态，但心流体验告一段落后，自我的感觉又会变得强烈；（8）时间感会变，几小时就好像几分钟一样的过去了，几分钟也可能变得像几小时那么漫长。一般人会想起这样的体验时，至少都会提及这些要素中的一项或几项或全部。

笔者在看这本书时完全理解这种心流体验。以笔者跑步为例，刚开始5千米的目标显得尤为困难，但终于有一天跑下来了，那种喜悦和当时的满足感能保持一整天的心情愉悦。后来目标渐渐提高到 10 千米、15 千米、20 千米。一开始目标定位是距离，只要能跑下来 10 千米就可以，多少配速不关注，就是总长时间不关注。后来改了目标时间，在 1 小时内能跑多少距离，一次次的目标完成，一次次的新目标再去完成，会感觉自己每隔一段时间都有很大的进步，这种进步的体验也是心流体验。刚开始 10 千米正常 65~70 分钟跑完，后面进步到 55 分钟能跑完，再后来 50 分钟就跑完了。这种即时的心流体验和阶段的心流体验让笔者感受到跑步的乐趣和愉悦。强调一下，这一切是基于主动的、感兴趣的状态下，并不是被迫的，迫于父母或老师或领导的压力之下完成的。此外，弹钢琴也是类似的心流体验，一次次地练习，每周都会弹一首曲子的这种喜悦，你会很自豪地在其他不会弹钢琴的朋友面前秀一段。而且每周都有进步，每个月有很大的进步，每年还能考级升级。如果你真对这个项目感兴趣，你会乐此不疲、沉浸其中。

有些投资者擅长短周期的投资，市场上常说短线投资，还有专业的短线炒作的叫游资。如果在一段时间内（比如一个月左右）连续投资股票都是有获益的，那么一样的内心能够获得心流体验。有一些专业交易者有时候不是太在乎投资的结果（由于快进快出，亏损比例一般很小），但在交易过程中很愉快，在过程中，盯住分时线，买一到买十的交易价，对这些股票的股价数字的敏锐地捕捉，哪怕只是一个价格被精准捕获到，或是他自己手上的这一笔资金用到他预计用到的地方，一样可以获得心流体验。正因为每个人的兴趣爱好不一样，同一个兴趣也可以以不同的方式去满足，所以每个人获得心流体验的方式以及过程也不一样。有人看足球比赛，甚至可以把全球联赛的所有队员以及替补队员在赛场上是前锋还是后卫都能说得清清楚楚，这也是一种对足球的兴趣，一样在他的兴趣上可以获得心流体验。在投资股票的市场中也是一样，并不是大家都是以同样的方式去投资，有人靠自己资金在股票市场投资，有人利用别人的资金在股票市场投资，还有的利用股票市场收取股民学费教股民投资等。在千万种心流体验中，都有着上述 8 要素中的几种或全部。在这种状态下，你会忽略时间和空间，心里只有一个念头"好好做它"，直至完成内心设定的目标，此时人的身心一直沉浸其中并享受着整个过程。

第一次跑马拉松心得

2023 年 11 月 26 日，上海马拉松如期举行，笔者从一个从来不跑步的宅男，到能够全程跑下来 42.195 千米的马拉松，第一次感受到什么是喜极而泣，赚 100 万元都没有过喜极而泣。7 点钟鸣枪，6 点开始检录信息，5 点就要起床。由于第一次比较兴奋，前一天晚上也没有休息好，一直兴奋得睡不着，仅仅浅睡了几个小时。早上 5 点，闹钟响了，起床洗漱收拾好，稍微吃点早饭，打车前往起跑点。一路遇上几个好友，还有的在起跑线遇上了。回想笔者从 2022 年 6 月开始跑步，那是在上海解封的第一个月，正好夏天也来了，天气开始渐渐热了起来。

笔者起初的目的只是出出汗，运动运动。根本没想过跑什么马拉松，离自己太远了，自己知道是不可能完成的事。就这样持续了半年，每周大概两次，每次 5～10 千米。很随心的健康跑，毕竟自己快乐就好，有一天洗澡的时候偶然发现自己的小腿和大腿有明显的线条感，就是腿部的肌肉在不知不觉中已经形成了。再后来就想着突破一下自己，跑个半马——21.095 千米。第一次笔者没跑下来，前面 15 千米正常跑还可以坚持，到 17～18 千米时，明显体力不支，第一次跑到自己实在跑不动了。因为一直跑就会一直出汗，体内的水分盐分都是严重缺失的，所以跑完就要补充水和盐丸。后来跟有经验的跑者学到了，他们早在开跑之前就补充了盐丸，中途还会补充能量胶，都是一个学习经验的过程。有了这个经验，在 2023 年年中的时候再跑半马时就相对轻松了。当第一次跑完 21 千米时，内心不由得佩服自己，自己怎么这么厉害。这事跟别人无关，别人能跑 42 千米，能跑 100 千米都跟自己无关，笔者只关心自己能跑到了多少。

一直都是健康跑的心态，从来没想过要跑全程马拉松。一直到 10 月开始马拉松报名了，才有了念头，就是报个试试，万一中签了呢，获得个名额就去跑着玩，大不了就走到底。等中签的结果出来时已经是 10 月底了，离正式开跑不到一个月了，已经来不及训练了。挺有经验的跑者说这一个月的跑量累计要达到 200 千米以上，而笔者又有工作又要出差，一周又没有多余的时间来训练，所以在开跑之前一直是以一个跑不完就走完的心态，大不了中途退赛也有可能，心态调整好后就正常开跑了。

11 月 26 日 7 点准时鸣枪开跑，这场马拉松有 2 万名跑者参加，整个外滩挤满了跑者，来了情绪就会被带起来，高于平常的兴奋。一开始为了稳一点体能分配好，前面 20 千米就要适当比平时慢一点，少消耗一点体能，就这一路跑一路坚持到 30 千米，一路上也遇到了几个朋友。从 30 千米以后内心就容易想着放弃吧，至少 30 千米也是个人最长距离了，之前也从来没有这么长的距离。对于自己来说也算是 pb 了（personal best：个人最好成绩）。感觉自己已经到能力极限了，但还想突破一下，看看到底能跑多长距离，但体力已经严重跟不上了，毕竟平时缺乏锻炼，也不是专业的运动员，内心还是保持对这项运动的敬畏。一路上也看到一些跑者跑崩了，腿抽筋了在路边被医护人员扶着，这时内心还有个声音告诉自己试试，再试试，稍微再坚持一会。就放慢速度并补充能量、食物等给自己补充体能。一路继续慢跑，坚持。一路看着公里数的提示牌 32 千米，35 千米，38 千米，40 km，41 km，终点线。

终点线的大门终于到了，终于体验了一次全程马拉松，当笔者冲线的那一刻，流泪了，情不自禁地流泪了。自己都不知道为什么会流泪，或许这就是喜极而泣，或许就是前面说过的心流体验，一个有明确目标的、有挑战性的、能即时反馈的、沉浸其中并付出代价完成的事带来的莫大的喜悦。当第二次、第三次再跑完马拉松时，那份喜悦已经明显没有第一次突如其来的心流体验。并不是说笔者能跑下来就厉害了，很多人都能跑下来，很多跑者的成绩远远高于笔者，但那不重要，重要的是自己突破了自己。只要有想法有动力参与的最后一定都能坚持下来，重要的是敢于突破自己，敢于尝试自己没有经历过的一些积极向上的事情来愉悦自己。敢于迈出第一步，不用考虑第二步、第三步，都会随之而来。从这项运动中笔者的最大的感悟就是做好自己，做更好的自己，做好自己该做的事，其他的不重要。这或许是自愈的一种方式，或许是避世的一种方式，不同的人有不同的看法，不同的场景也有不同的看法，但笔者认为无论什么样的环境，什么样的情景中都不重要，最重要的还是自己内心的想法，只要自己认可自己的所作所为即可。

这种耐力型的运动，并不在于最后那一天的坚持，而是前面一年甚至是数年的努力和积累。这与投资股票也是一样的道理，只有平时慢慢地点点滴滴积累才能汇流成河，也是这样的坚持才能获得最终的回报。我们知道赚快钱有风险，但还是有很多人想着赚快钱，总觉得自己会是最幸运的那个，或者存在一些侥幸心理，这是不可取的。

马拉松与投资的相似点

马拉松与投资的相似点笔者总结在表 5-1。

表 5-1　　　　　　　　马拉松与投资的相似点

马拉松	投资	相似点解释
长期规划	长期投资策略	都需要设定长远的目标,并制订步骤来实现这些目标
耐心	耐心等待回报	在等待成功时都需要有耐心,不被短期的困难或波动影响
坚持与毅力	长期持有投资	都须面对挑战、克服困难,才能取得最终的成果
风险管理	投资风险控制	都需要通过谨慎策略管理潜在风险
适应变化	投资策略调整	都需要能够应对环境和条件的变化,灵活调整策略
个性化策略	根据个人情况投资	两者都需要根据个人的情况制订策略,没有一刀切的方案
学习与改进	投资策略优化	通过经验学习、改进方法,两者均需要从过去的实践中吸取教训
精神力量	理性决策	在高压和紧张情境下,都需要强大的内心来维持坚定和冷静
策略性分配体力	资产配置	在比赛的不同阶段合理分配体力;在投资组合中平衡不同类型的资产以管理风险
避免跟风	抵抗市场情绪影响	避免盲目跟随他人的节奏,需要根据个人的能力跑自己的比赛;不随大流买卖股票

(续表)

马拉松	投资	相似点解释
训练与准备	研究与分析	马拉松训练是对比赛的准备;投资前对市场进行深入研究和分析
调整及时应对	随市场变动调整策略	在比赛中根据实际状况调整跑步策略;根据市场波动调整投资策略
监听身体信号	监控投资指标	在跑步中感知身体信号进行调整;在投资中监控关键性能指标以决策
享受过程	享受投资过程	享受跑步的乐趣和过程;享受投资和在投资中成长的过程

马拉松,是一个给予自己足够时间思考的一项运动。首先,跑步可能让你的血液加速流动起来,提起你的情绪,让你处于积极的状态,这样的状态很利于做思考。有人喜欢一边跑步一边听音乐,而笔者不喜欢听任何音频,就会不自觉地思考很多问题。其次,长距离的跑步有足够的时间思考。笔者一般跑一次基本在10~20千米。就是一到两个小时,这个时间自己一个人安静地在自己的路线上跑着。跑步是很机械的运动,你不会想着自己怎么跑步,自己换什么动作跑步,大脑在思考自己的问题。最后,马拉松这项运动跟投资有着天生的相似点,并不是看谁跑得快,而是看谁能跑到底。

在私募投资中经常会有排名,各种策略标准的排名,也有时间维度的排名。一旦陷入追求排名里面,就很容易让你的投资策略变形,因为笔者认为马拉松与投资一样,并不在乎谁快谁慢,只要按自己目标到达终点即可。因为并不能分拆成42个

1千米冲刺，也不能分拆成2个半马来完成，所以长距离的靠自己体能来完成。投资也是一样不在乎任何样式的排名，只要专注所买股票的内在核心价值，资产本身没有问题，价值自然会由时间体现出来。如果你在乎的短期排名，因为每年、每季度和每个不同的策略都有排名，你也不可能每期都在榜单上面，这样只会导致你聚焦的方向是排名而不是股票的核心价值，最终投资可能也是失败的。而发现股票的核心价值不一定能够带来收益上的排名，有一些做长线投资的股票需要的就是足够的耐心和坚持。很多投资人只追求高回报率，追求快速赚钱、一步到位，缺乏耐心而追求一些又快又高回报的"高性价比"的投资方式，结果往往都是亏得很惨，具体案例太多了，很多到最后都是爆雷了，连所有的本金都亏完了。

投资是一个伴随我们一生的工作，它没有退休日，巴菲特和芒格九十多了还在投资。同时，投资本身就需要耐心，一时的涨跌是正常的价格波动。投资也是投资人一生的伴随，有时想想赚了又怎样，亏了又怎样？投资只是投资人生活的一部分，就像吃饭睡觉一样。用一颗平常心看待投资你就会有足够的耐心对待投资。

在敦煌游览莫高窟时，现场讲解员介绍了一个重要的人物——王圆箓（王道士），是他发现了经文，因为上报当地政府请求保护经文得不到重视，后被外国人斯坦因忽悠把部分经文卖给了外国人。

据记载，王圆箓在 1900 年 5 月 26 日发现了藏经洞，同年 8 月 14 日，八国联军发起侵华战争，随后一直处于战争年代。王圆箓的一生基本就守在藏经洞所在的莫高窟。即使有了卖经文的钱，也是在修复莫高窟。有着相同经历的兵马俑发现者杨志发，在 1974 年 3 月因挖井挖到了兵马俑，随后数年中国因改革开放从此走上了经济高速发展之路。杨志发因赶在了时代的风口上，后半生的命运跟王圆箓截然相反。在去敦煌的前两天，笔者去了西安兵马俑博物馆，导游介绍，老杨这几十年基本都在接待外来贵宾，凡是重要贵客，博物馆一般都会邀请老杨作为发现人兼讲解员给重要贵客讲解。同样是发现文物的两个人，因时代背景不同，却被赋予了不同的命运。所以笔者在投资道路上一直反复问自己一个问题，自己在股票市场到底是靠自己能力赚的钱，还是靠运气赚的钱？很多人都说运气是成功者的谦辞，当然见仁见智，没有唯一答案，每个人的经历和答案不一样。因为只有自己经历过、体验过的，才是真正属于自己的智慧。而每个人的经历过程又是独一无二的，都是一个特殊的个体，所以每个人的感悟都是不一样的，即使说出来的道理都是一样的，但每个人对此道理的理解过程和理解程度也是不一样的。

在马拉松赛场上有人一骑绝尘，有人悠闲慢跑，拍着沿途风景，有人互相加油鼓舞，其中有个队所有队员整齐划一地一起出发、一起补给休息、又一起走到终点，对比赛用时毫不关心。也有人按自己策略一路向前冲，没有说一定为了荣誉争第一就是对的,也没有说悠闲漫跑,拖着团队的后腿就是错的,每个人都是做着自己认为最正确的决定,并不是"你认为"的才是对的。

如今在网络发达的时代,我们自己的思考空间越来越少了,跑步是一个能够让人们快速达到"忘我"状态的一种方式,并且运动会使身体本身分泌多种化学物质,如内啡肽、多巴胺、血清素等,有助于我们调节情绪,改善精神面貌,使我们有更好的工作状态和更高幸福生活指数,这些都是坚持跑步朋友的一些共鸣。不管是工作管理,还是家庭管理,都需要花点时间独自思考处理这些平时碰到的问题。

短短两年,跑步已经悄悄进入笔者的生活。并不是要求自己跑得够快,也不追求一定要跑多远,而是没有目标地让"跑"的状态伴随生活,跑步已经是生活的一部分。